Quell

Für Otmar Wiesmeyr,
der sich in meiner österreichischen Heimat
auf bewundernswert selbstlose Weise
um das Franklsche Gedankengut
verdient gemacht hat.

Elisabeth Lukas

Kleines 1 x 1 der Seelenheilkunde

Impulse zur Selbsthilfe

Quell

Bibliografische Information Der Deutschen Bibliothek
Die Deutsche Bibliothek verzeichnet diese Publikation in der Deutschen Nationalbibliografie; detaillierte bibliografische Daten sind im Internet über http://dnb.ddb.de abrufbar.

ISBN 3-579-03375-1

Umschlaggestaltung: KonturDesign, Bielefeld
unter Verwendung einer Fotografie der Artothek
(Harald Slott-Møller, Bootsfahrt auf dem idyllischen See.
© Agnes, Harald og Lykke Slott-Møllers Legat)
Satz: Katja Rediske, Landesbergen
Druck und Bindung: Těšínská Tiskárna AG, Český Těšín
Printed in Czech Republik

www.quellverlag.de

Inhalt

Einleitung

Es gibt drei Wiener Schulen der Psychotherapie. Die erste mit dem Namen »Psychoanalyse« wurde von *Sigmund Freud* (1856-1939) begründet. Die zweite mit dem Namen »Individualpsychologie« wurde von *Alfred Adler* (1870-1937) begründet. Die dritte mit dem Namen »Logotherapie« wurde von *Viktor E. Frankl* (1905-1997) begründet. Die drei Begründer kannten sich gut, standen miteinander in engem Gedankenaustausch und ergänzten einander in ihren Forschungsergebnissen.

Sigmund Freud suchte nach der Verursachung neurotisch-hysterischer Symptome vorwiegend in der eher prüden Gesellschaft seiner Zeit und entdeckte das unbewusste Seelenleben des Menschen. Er entwickelte seine Verdrängungslehre, wonach heimliche sexuelle Begierden oder schwerwiegende Kindheitserlebnisse aus dem Bewusstsein verdrängt werden und sich im Laufe des späteren Lebens als krankmachend erweisen.

Alfred Adler setzte zunächst nicht wie Sigmund Freud in der psychischen, sondern in der biologischen Ebene des Menschen an, nämlich an den so genannten »Organminderwertigkeiten« wie Kleinwüchsigkeit, schiefe Nase, dicke Beine und Ähnlichem. Er entdeckte, dass solche Defekte Minderwertigkeitsgefühle erzeugen, die nach Kompensation drängen und oft neurotisch in einer Art Machthunger überkompensiert werden.

Viktor E. Frankl bezweifelte derlei pathologische Prozesse nicht. Er bezweifelte aber, dass der Mensch ihnen total ausgeliefert sei und kein Wörtchen »Mitspracherecht« habe. Auf der Suche nach fundamentalen, heilen Seelenkräften, die es ermöglichen, falls nötig auf manche Begierden zu verzichten und manch Schweres bzw. eigene Schwächen versöhnlich anzunehmen, stieß er auf die geistige Ebene des Menschen – wobei er unter Geistigkeit nicht das logische Denkvermögen oder die Intelligenz verstand. Für Frankl bedeutete Geistigkeit Humanität schlechthin: Entscheidungsfreiheit, Verantwortlichkeit, Wertesensibilität, Liebesfähigkeit, personale Würde. Sie bedeutete den göttlichen Funken, mit dem ein zweibeiniges Säugetier einst zum Menschen begnadet worden ist.

Viktor E. Frankls Logotherapie ist der spannende Versuch, diesen »Funken« zum Zwecke der Leidverminderung und Krisenbewältigung immer wieder neu anzufachen. Wie dies gelingen kann, soll das vorliegende Buch anhand verschiedener seelischer Störungsbilder zeigen. Um die unvermeidlichen theoretischen Abhandlungen aufzulockern, sind Fallgeschichten eingestreut, die dazu anregen mögen, die dargestellten Heilswege ins eigene Leben zu übertragen. Freilich steht jeder mit seiner persönlichen Not allein da, einsam im ganzen Kosmos. Aber vielleicht ist es dennoch tröstlich zu erfahren, dass es ein breites Spektrum an Hilfe gibt – komme sie von außen, von innen oder von oben. Davon bin ich überzeugt.

Elisabeth Lukas

Problem 1: Geringes Urvertrauen

Geborgenheit – eine Paradoxie?

Seelische Krisen und Störungen sind durchwegs mit einem Verlust an Urvertrauen verbunden. Teilweise gehen sie sogar ursächlich darauf zurück. Teilweise lösen sie diesen Verlust über eine Blockade geistiger Kräfte aus. Teilweise spielen sie sich eher auf einem »Nebengleis« ab, und dennoch stellt sich kein Seelenfriede ein, solange es an Urvertrauen mangelt. Außerhalb der Geborgenheit lebt es sich nicht gut und stirbt es sich nicht gut.

Die moderne Wissenschaftslehre der Psychotherapie darf deshalb die Frage nach dem Erhalt bzw. nach der Rückgewinnung von Urvertrauen nicht ignorieren. Sie ist im Gegenteil genötigt, ihre Konzepte in dieser Richtung zu verfeinern und zu vervollständigen. Was nicht ganz einfach ist, weil das Urvertrauen zu den so genannten »unwollbaren« Phänomenen zählt. Man kann nicht glauben *wollen*, ähnlich, wie man nicht lieben *wollen* kann. Entweder glaubt man etwas oder nicht. Entweder liebt man jemanden oder nicht. Der Wille hat dabei nicht viel zu vermelden. Taucht allerdings etwas Glaubwürdiges oder etwas Liebenswertes im Gesichtsfeld eines Menschen auf, dann steigen die Chancen, dass sich bei ihm Glaube und Liebe von selbst einstellen. Ähnlich ist es mit dem Gefühl der Geborgenheit, das auch nicht willentlich herbeigeordert oder künstlich erzeugt werden kann. Einzig in Bezug zu einer Instanz, die »Annahme ohne Wenn und Aber« gewährt, stellt sich das Gefühl, geborgen zu sein, ein. Folglich ist die Frage nach dem Erhalt bzw. nach der Rückgewinnung des Urvertrauens keine Frage nach einem »Machen«, sondern vielmehr die Frage nach einem »Erkennen«: Wie erkennen und anerkennen Menschen eine Instanz, die es ihnen gestattet, sich von ihr bedingungslos angenommen zu wissen?

Auf der Suche nach Antworten hat sich die von *Viktor E. Frankl* begründete sinnzentrierte Psychotherapie namens *Logotherapie* als eine wahre Fundgrube erwiesen. Hat doch der Wiener Seelenarzt und Holocaust-Überlebende *Frankl* die religiöse Erlebnisweise des Menschen aus therapeutischen und prophylaktischen Erwägungen heraus bewusst in seine Theorien mit einbezogen. Ich zitiere dazu einen anspruchsvollen Absatz aus seinem (vergriffenen) Buch *Der Wille zum Sinn*[1]:

Wenn wir dem religiösen Erleben nur ein wenig auf den Grund gehen, so bemerken wir alsbald, dass es sich bei ihm um das Erleben der eigenen Fragmentarität und der eigenen Relativität auf einem absoluten Hintergrund handelt. Im religiösen Selbstverständnis erlebt der Mensch sonach die eigene Bezogenheit auf das Absolute – also eigentlich auf ein »Unbeziehbares«. Diese Paradoxie braucht uns aber nicht zu schrecken. Denn was ist diese Bezogenheit auf ein Unbeziehbares denn anderes als – Geborgenheit? Geborgenheit – im Verborgenen, im Transzendenten. So vermögen wir der Paradoxie wenn schon keine Lösung so doch eine positive Wendung zu geben. In dieser Positivität jedoch liegt zugleich, vom psychotherapeutischen bzw. psychohygienischen Standpunkt aus gesehen, ein unerhörtes Positivum. Denn hat sich schon gezeigt, dass das Erleben des Lebens als einer Aufgabe schlechthin – man könnte sagen: als einer persönlichen Mission, dass dieses Erleben das Verantwortungsbewusstsein in einem psychotherapeutisch eminent bedeutungsvollen Grade zu steigern vermag, dann zeigt sich nunmehr, dass das religiöse Erleben, das Erlebnis der Geborgenheit schlechthin, diese therapeutische Relevanz wohl erst recht besitzt. Und zumindest in entscheidenden Augenblicken des persönlichen Daseins wird sich immer wieder zeigen, wie kaum eine andere Einstellung gegenüber schicksalhaften Grenzsituationen es im gleichen Maße vermöchte wie die religiöse, den Menschen diese Situationen bewältigen zu lassen.

Da der Text nicht leicht zu verstehen ist, möchte ich ihn näher aufschlüsseln. Es gibt nichts auf Erden, auf das wir bedenkenlos bauen und vertrauen könnten. Nichts ist vollkommen und nichts ist ewig. Der gesündeste Körper kann erkranken, der beste Freund uns im Stich lassen, der festeste Arbeitsplatz verloren gehen, der treueste Beschützer hinwegsterben, der stabilste Friede in Krieg umschlagen. Echte Versicherungen gegen ein Unheil gibt es nicht. Dies meinte *Frankl*, als er von der eigenen Fragmentarität und Relativität sprach. Fragmentarisch (also bruchstückhaft) und relativ (also abhängig von bestimmten Voraussetzungen) ist alles im menschlichen Leben. Wir erleben es Tag für Tag, doch mitunter erleben wir es »auf einem absoluten Hintergrund«, dann – so *Frankl* – ist es ein religiöses Erleben.

Hier stoßen wir auf die von ihm erwähnte Paradoxie. Wie kann es die Idee, den Traum, die Ahnung von etwas Absolutem geben, wenn der Mensch rings um sich herum ausschließlich Fragmentarisches und Relatives vorfindet? Aus der Hirnforschung wissen wir, dass es unserem Verstande unmöglich ist, etwas völlig Neues zu erfinden, ohne auf Vorbilder zurückzugreifen. Jede Maschine, die jemals gebaut worden ist, hat ihre Vorlagen in der Natur, wie zum Beispiel die Flugzeugkonstruktion im Vogelmodell. Wir wissen dies speziell, seit sich Schriftsteller abmühen, Science-Fiction-Romane zu entwerfen: auch die genialsten unter ihnen haben nur Neukombinationen statt Neuem hervorgebracht. Woher kommt aber dann dieses »Erleben eines Absoluten im Hintergrund der Welt«, von dem unaufhörlich in allen Epochen, Kulturen und Völkern berichtet wird, ja, das wir vielleicht aus eigener Erfahrung kennen? *Frankl* sprach von der Bezogenheit des Menschen auf ein Unbeziehbares und meinte im obigen Text: »Was ist diese Bezogenheit auf ein Unbeziehbares denn anderes als – Geborgenheit? Geborgenheit – im Verborgenen, im Transzendenten.«

Er konnte die Paradoxie nicht auflösen, gab ihr jedoch eine Wendung. *Wenn* wir mitsamt unserer Fragmentarität und Relativität geborgen sind im Absoluten, in der Transzendenz, in Gott, oder wie man es ausdrücken möchte, *wenn* dies der Fall ist – was wir eben nicht wissen, sondern höchstens intuitiv erahnen können –, *dann* wird unser religiöses Erleben verständlich, denn *dann* erzählt es gar nicht von einem Neuen, das wir ohne irgendwelche Vorbilder erfunden hätten, sondern dann erzählt es von einem Alten, Uralten, Immer-schon-da-Gewesenen, Ewigen, von einem, für das wir eigentlich zu klein sind, um uns darauf beziehen zu können – es sei denn, wir sind *immer auch schon in ihm gewesen.*

Geborgenheit lässt sich sonach (zünftig philosophisch) definieren als ein »Bezogensein auf ein Unbeziehbares«, auf etwas, für das keinerlei Vorbilder in der Welt existieren, weil es selbst *das* Vorbild der Welt ist, und von dem wir keine Ahnung haben könnten, wären wir nicht in unserer Kleinheit dennoch – sein »Ebenbild«.

Soweit der theoretische Aspekt. Uns interessiert aber die praktische Bedeutung des Gesagten, und der Seelenarzt *Frankl* hatte ebenfalls ein Auge darauf geworfen. Er hat auf den psychotherapeutischen und psychohygienischen Standpunkt hingewiesen, von dem aus betrachtet Geborgenheit ein »unerhörtes Positivum« darstellt. Seinen jahrzehntelangen Beobachtungen gemäß stärkt es zum einen das Verantwortungsbewusstsein des Menschen und hilft zum anderen, »in entscheidenden Augenblicken schicksalhafte Grenzsituationen zu bewältigen«. Da solche Grenzsituationen meistens mit ernsten, unangenehmen und bedrohlichen Dingen verquickt sind, die über einen Menschen hereinbrechen, ist festzuhalten, dass das Gefühl des Geborgenseins *Kraft verleiht* – eine »eminente

Kraftsteigerung«, wie es im Text heißt –, nämlich ethische Kraft in Form von Verantwortungsbewusstsein, und Bewältigungskraft in Hinblick auf Katastrophen aller Art.

Von daher verwundert es nicht, dass Ratsuchende, die einen Therapeuten aufsuchen, zum überwiegenden Teil durchaus selber spüren, was sie zu tun oder zu unterlassen hätten, aber ihrem Berater die Frage an den Kopf werfen: »Wo soll ich die Kraft dafür hernehmen?« Genauso gut (nur komplizierter) könnten sie sagen: »Ich habe mein Gefühl der Geborgenheit verloren. Wie gewinne ich das Urvertrauen, dass ich mich in dieser fragmentarischen und relativen Welt auf ein Absolutes, ›Unbeziehbares‹ beziehen kann, wieder zurück?«

Keine Geborgenheit – was dann?

Bevor ich auf diese oft gehörte Frage antworte, möchte ich die Folgen eines geringen bis fehlenden Urvertrauens anskizzieren, denn sie sind dramatisch genug. Zum Beispiel sind *Hassliebe* und manche verzwickten Formen von Ambivalenz indirekte Folgen davon. Eine Person A mag eine Person B nicht, kann sich von ihr aber auch nicht trennen. Warum nicht? Weil sie Angst vor dem Alleinsein hat. Warum hat sie Angst vor dem Alleinsein? Weil sie sich dann an die Unwägbarkeiten des Lebens ausgeliefert fühlt. Warum fühlt sie sich ausgeliefert? Weil sie nirgends geborgen ist ... Also klebt sie an Person B, die sie nicht mag, »liebt« sie auf infantil-bedürftige Weise und hasst sie (und sich selbst) dafür.

Minderwertigkeitsgefühle sind eine weitere häufige Folge schwächelnden Urvertrauens. Dabei sind Menschen mit Minderwertigkeitsgefühlen nicht bloß »arme Teufel«, sondern richten auch ziemlichen Unfug an. Sie investieren ihr gesamtes Bemühen in die verkrampfte Darstellung, was sie alles prima können, was sie perfekt erledigen würden, falls man sie ließe, was sie nicht perfekt erledigen können, weil man sie daran hindert, wie viel tüchtiger sie seien, als man von ihnen denkt, und so fort. Ständig wollen sie ihre Fähigkeiten beweisen und rückbestätigt bekommen, was ihre Konzentration von demjenigen abzieht, was gerade Sache ist. Die verringerte Konzentration verringert ihre Leistungen, die alsbald wirklich »minderwertig« ausfallen, was die Minderwertigkeitsgefühle dieser Menschen natürlich noch intensiviert.

Warum aber sind sie so begierig auf die Darstellung ihrer Fähigkeiten? Nicht nur, weil sie heimlich an ihren Fähigkeiten zweifeln, sondern insbesondere, *weil es etwas ausmacht*, ob sie fähig sind oder nicht. Und warum macht es etwas aus? Weil sie sonst (in ihrer Fantasie oder in der Realität) »verstoßen« werden könnten, von wem auch immer, weil sie bestraft, beschämt, verurteilt, verspottet werden könnten, wenn sie nicht die geforderten Qualitäten aufweisen, oder noch deutlicher: weil sie nirgends geborgen sind, wo ihr Eigenwert zählt, unabhängig vom Wert ihrer Leistungen. Weil sie glauben, nirgendwo um ihrer selbst willen geliebt zu sein.

Noch gefährlicher ist *Brutalität* als indirekte Folge eines Verlustes an Urvertrauen. Es handelt sich um die Brutalität von Menschen, die andere schädigen – nicht, weil sie sie vorrangig schädigen wollen, sondern weil sie ein bestimmtes Ziel erreichen möchten, zu dessen Erreichung sie die Schädigung jener anderen (nachrangig) in Kauf nehmen. Freilich ist dies kein mildernder Umstand, wie *Frankl* in einem Wortspiel betont hat, wonach »nicht der Zweck die Mittel heilige, sondern umgekehrt die schlechten Mittel den heiligsten Zweck zu entweihen vermögen«. Dennoch fragt sich, was Menschen verleitet, im Zuge ihrer Zielstrebigkeit Fremdschäden in Kauf zu nehmen? Nun, wohl die Verbissenheit, ihr Ziel »um jeden Preis« erreichen zu wollen! Und warum sind sie derart versessen darauf? Weil das Ziel für sie immens wichtig ist ... negativ formuliert, weil außerhalb des Zieles so wenig für sie wichtig ist, oder gar nichts ... weil sie sich nicht verankert und geborgen wissen in einem absoluten Seinsgrund, aus dem heraus irdische Ziele eben relativ sind.

Die Aufzählung könnte beliebig fortgesetzt werden, aber ich denke, dass sich die Quintessenz bereits abzeichnet. *Ein Mensch, der sich geborgen weiß, braucht herrlich vieles nicht.* Was hingegen braucht ein Mensch, der sich nicht geborgen weiß, doch alles! Personen, die ihm ständig hilfreich zur Seite stehen (Stichwort: Hassliebe), Personen, die ihm pausenlos bestätigen, wie tüchtig er ist (Stichwort: Minderwertigkeitsgefühle), die Erreichung seiner Ziele, und sei es hinwegtrampelnd über andere Menschen (Stichwort: Brutalität), und mehr und mehr. Erfolg braucht er, Macht, Prestige, Zuwendung, Rückmeldung, materielle Güter; nie ist er beruhigt. Rastlos mauert er an einer Festung im Diesseits und hat zuletzt – auf Sand gebaut. Zwei Hinweise sollen die Dramatik in ihrer vollen Tragweite beleuchten.

Zum Burnout-Syndrom:

Der eine Hinweis betrifft das heutzutage grassierende *Burnout-Syndrom*. Es nahm seinen Ausgang bei den helfenden und pädagogischen Berufen, bei Ärzten, Lehrern, Therapeuten und sogar Seelsorgern, hat aber inzwischen Eingang in fast sämtliche Berufssparten gefunden. Die Kennzeichen des Sich-ausgebrannt-Fühlens sind schnell geschildert: der Betreffende ist körperlich-seelisch einfach am Ende. Die Arbeit hängt ihm zum Hals heraus, die Klienten oder Kunden, mit denen er zu tun hat, ekeln ihn an, sein innerer Widerstand gegen die täglichen Verpflichtungen wächst derart rasant, dass er von einer Krankheit in die nächste taumelt, von schweißtreibenden Schlafstörungen angefangen bis hin zum physischen und psychischen Zusammenbruch.

Was steckt dahinter? Eine Erfolgs- und Rückmeldungsabhängigkeit, wie man in wissenschaftlichen Studien einwandfrei festgestellt hat. Burnout-Syndrom-anfällige Menschen sind solche, die zunächst mit großem Schwung und Engagement in ihren Beruf einsteigen, dafür aber einen entsprechenden Erfolg bzw. eine entsprechende Rückmeldung von ihren Klienten und Kunden erwarten. Im Klartext: sie »geben« eine Menge, möchten aber auch die Früchte ihrer »Gaben« ernten. Von den Empfängern ihrer »Gaben« soll etwas zurückfließen: ein Dank, eine Anerkennung, zumindest eine Kooperationsbereitschaft. Schlimm, wenn das nicht kommt, nicht bald kommt, nicht wie erwartet kommt. Dann sind die »Geber« bitter enttäuscht, desillusioniert, frustriert, verlieren die Lust, sich zu engagieren, und funktionieren noch eine Weile wie Automaten, bis jeder Funke Kraft und jedes innere Feuer in ihnen erloschen ist.

Nun gibt es eine Reihe von Berufen, bei denen niemals exakt jenes Feedback zurückkommt, das man verdient hat, wie zum Beispiel der Lehrerberuf. Setzt sich ein Lehrer für einen interessanten und anregenden Unterricht ein, fallen ihm die Schüler nicht gleich jubelnd um den Hals und machen auch nicht die Riesenfortschritte, die dem Einsatz des Lehrers angemessen wären. Dennoch hat jeder erstklassige Unterricht seinen tiefen Sinn, seinen »Eigen-Sinn«, wenn man so will; und in dem Augenblick, da das Wirken eines Menschen sinnvoll ist, ist es dies mit oder ohne sichtbaren Erfolg und mit oder ohne enthusiastischen Beifall irgendwelcher Beteiligter. Es ist *an sich* und *in sich* gut.

Der geborgene Mensch versteht das. Er ist ja bezogen auf das An-sich-Gute und In-sich-Gute schlechthin; Gott ist sein Zuschauer, religiös ausgedrückt. Daher kann der geborgene Mensch sein Bestes erbringen ohne nach vorzeigbaren Ergebnissen zu schielen – mit dem seltsamen Effekt, dass ihm die positive Rückmeldung nicht selten hinterherläuft, mitunter sogar in Form anhänglicher Schüler und Schülerinnen.

Zur weltweiten Ökokrise:

Der zweite Hinweis betrifft die weltweite *Ökokrise*. Der Einzelne zerstört im Allgemeinen nicht, aber er konsumiert manches, dessen Herstellung die Umwelt langfristig zerstört. Demnach wäre speziell in den Industrieländern ein stärkerer Verzicht auf Güter dringend geboten, und zwar seitens der einzelnen Personen. In der Tat befindet sich der Konsument am Steuer, und nicht etwa die Industrie, auf die er sich auszureden pflegt. Was der Konsument nicht kauft, ist unverkäuflich und muss aus der Produktion genommen werden. Der Verführung durch den Hersteller steht daher stets der Entscheid des Verbrauchers gegenüber, dessen Macht nicht zu unterschätzen ist. Würde zum Beispiel kein Mensch mehr Zigaretten kaufen, ginge die Zigarettenindustrie innerhalb kürzester Zeit bankrott; würde niemand mehr zu Drogen greifen, könnte die Jagd auf Erzeuger und Dealer eingespart werden ...

Die Ökokrise wäre also zu bremsen durch ein freiwilliges Leben in Bescheidenheit und Selbstbeschränkung. Trotzdem hakt es gewaltig. Woran? Ich denke, am schwindenden Urvertrauen in unserer Gesellschaft. Fehlt die Vorstellung ewiger Werte, dünken materielle Besitztümer unverzichtbar. Es ist schon so: Freiwillige Bescheidenheit leben kann nur, wer sich im Immateriellen geborgen weiß; vom Haben loslassen kann nur, wer im Sein zu Hause ist.

Fassen wir zusammen: Die gravierendsten Folgen geringen Urvertrauens bestehen darin, dass wir Angst haben müssen. Angst um alles, was wir brauchen, um uns einigermaßen sicher zu fühlen, und nie werden wir davon genug haben, um es wirklich zu tun. »Die Sicherheit der Menschen in Westeuropa ist gigantisch gewachsen, aber ihre Zukunfts- und Existenzängste sind es merkwürdigerweise auch«, stand zum Jahrtausendwechsel im Feuilleton einer deutschen Zeitung zu lesen. Dem gegenüber schrieb *Frankl* als Resümee seiner schrecklichen Erlebnisse im Konzentrationslager (dem denkbar unsichersten Ort überhaupt!), dass diese »gekrönt wurden von dem köstlichen Gefühl, nach all dem Erlittenen nichts mehr auf der Welt fürchten zu müssen –« und fügte schlicht hinzu: »– außer seinen Gott«[2]. *Das* ist Urvertrauen.

Der Zufall – ein Wunder?

Ich schulde noch die Antwort auf die häufig gestellte Frage, wo man Kraft hernehmen soll, wenn sie einem fehlt, vor allem seelische Kraft. Eine Frage, die – wie wir bereits wissen – nahezu identisch ist mit der Frage nach der Rückgewinnung verlorenen Urvertrauens. Man gestatte mir, zur Beantwortung ein wenig auszuholen.

Das authentische Ich:

Im Zuge des Lebens ist es notwendig, ein authentisches Ich zu entwickeln. Schon *Sigmund Freud* schrieb: »Wo Es ist, soll Ich werden.« *Eric Berne* sprach vom Erwachsenen-Ich, das sich vom Eltern-Ich und vom Kind-Ich im Menschen ausgliedern solle. *Viktor E. Frankl* sprach vom agierenden statt blindlings reagierenden Wesen des Menschen, und *Manoochehr Khatami*, ein amerikanischer Psychiater, dessen Formulierungen ich für sehr gelungen halte, sprach vom authentischen statt automatischen Ich.

Gemeint ist damit, dass wir bewusst leben und entscheiden sollen, statt uns von unbewussten Mechanismen treiben zu lassen. Freilich tragen wir automatische Verhaltensweisen in uns, teils angeborene, aus der Triebebene stammende, teils in

Lern- und Gewöhnungsprozessen erworbene, die, weil sie automatisch ablaufen, keine Beteiligung des Bewusstseins erfordern. Dennoch sollten wir sie nicht ganz aus unserem Bewusstsein entlassen. Zwar vereinfachen Automatismen manchmal unser Leben, doch sind sie weder kreativ noch variabel. Sie sind starr, weshalb sie uns nicht beherrschen dürfen. Im Gegenteil, wir sind es selbst, vertreten in unserem authentischen Ich, die über sie zu herrschen haben.

Ein Beispiel dazu. Jemand fühlt sich stets tief gekränkt, wenn er kritisiert wird. Das ist eine automatische Reaktion, die gewiss ihre Wurzeln in der Vorgeschichte dieses Menschen hat. Noch dazu ist es eine, die nicht einmal sein Leben vereinfacht, sondern es eher erschwert. Sie beizubehalten würde bedeuten, die Schatten der Geschichte schalten und walten zu lassen und ihnen zu erlauben, auch die Gegenwart dieses Menschen zu verdüstern. Das muss er nicht erlauben! Beim nächsten Vorwurf, den er zu hören bekommt, kann er sich eine andere, bewusst gewählte Reaktion abringen, zum Beispiel den Kritiker freundlich anzulächeln und ihm für die wertvolle Information zu danken. Er kann sein eigenes Gekränktsein »ausklinken«, vom Haken lösen, an dem es hängt, indem er sich souverän darüber stellt. Eine solche Neuwahl der Verhaltensweise würde einen wahren Triumph des authentischen Ichs über das automatische Ich darstellen.

Subjektive Bewertungen:

Ein anderer Aspekt zentriert sich um die Wichtigkeit subjektiver Einstellungen und Bewertungen. Wissenschaftler von Weltrang haben sich mit der Beobachtung auseinandergesetzt, dass der Mensch die Qualität seiner unmittelbaren Welterfahrung in hohem Maße selbst produziert. *Paul Watzlawick* ging sogar so weit, zu behaupten, der Mensch zimmere sich seine Wirklichkeit zurecht und darin sein Glücklichsein oder

Unglücklichsein, je nachdem. Die Vertreter des *Positiven Denkens* schlagen in dieselbe Kerbe und plädieren für das Zurechtzimmern von Glücklichsein. Vielleicht sehen sie es ein bisschen übersimplifiziert, aber alle Suggestionsverfahren beweisen die enorme Wirkung hoffnungsvoller Erwartungen. Auch *Reinhard Tausch* betonte die Notwendigkeit von Um- und Neubewertungen im Falle negativer Lebensinterpretationen, und in der *Frankl*schen Logotherapie zielt die Methode der »Einstellungsmodulation« auf heilsame Korrekturen in genau diesem Sinne ab.

Im vorhin genannten Beispiel etwa könnte die Person, die sich stets tief gekränkt fühlt, wenn sie kritisiert wird, eine Person sein, die ihren Mitmenschen grundsätzlich mit Misstrauen begegnet. Überall wittert sie versteckte Feinde, Konkurrenten, Ausbeuter. Ihrem Bewertungsschema zufolge ist ihr niemand wohlwollend gesonnen. Also umgibt sie sich mit einem unfreundlichen Abwehrpanzer, der so provokant wirkt, dass sich immer wieder jemand herausgefordert fühlt, ihn zu knacken, sprich, die Person anzugreifen. Der erfolgte Angriff passt dann exakt zum Bewertungsschema der Person: die Mitwelt will ihr Böses ..., und die Kränkung sitzt schon wieder tief. Ohne eine Änderung ihres Bewertungsschemas wird sich diese Spirale nicht aufdrehen. Ändern aber kann es nur das authentische Ich der Person, indem sie sich vornimmt, in Zukunft nicht mehr automatisch jedermann Negatives zu unterstellen, sondern zumindest im Vorfeld jedermann eine positive Chance zu gewähren.

Beim Verlust an Urvertrauen ist nichts anderes geschehen, als dass ins automatische Ich eines Menschen ähnliche Fehlbewertungen eingegangen sind, allerdings solche, die über die Mitwelt hinaus ins Metaphysische hineinreichen. Nicht bloß die Kollegen oder Verwandten sind es, die einem (vermeintlich) Böses wollen, nein, der Herrgott persönlich – in welcher Gestalt er auch anvisiert wird – ist ein strafender, zürnender und drohender. Er fügt uns Leid zu, er lässt uns im Schmerz allein, er ist abwesend, wenn man ihn braucht, er thront Unendlichkeiten entfernt. Diese Haltung ist nicht zu verwechseln mit einer andächtigen »Gottesfürchtigkeit«, die eher mit *Ehr*furcht als mit Furcht zu tun hat. Sie korrespondiert vielmehr mit der Verwegenheit und Anmaßung eines Menschen, die Pläne der Vorsehung rational verstehen zu wollen, und dem zwangsläufigen Scheitern dabei.

Für die Rückgewinnung des Urvertrauens ist demgemäß zweierlei vonnöten: 1. eine Stärkung des authentischen Ichs, und 2. eine bewusste Revision jenes Gottesbildes, das (vielleicht unbewusst) im Herzen verborgen schlummert, auf Gleichgültigkeit oder Verdammnis programmiert, statt auf – Erlösung.

Die Stärkung des authentischen Ichs kann durch jede Art von Weiterbildung, kultureller Betätigung und Aufnahme geistiger »Nahrung« eingeleitet werden. Einige psychotherapeutische »Stärkungsmittel« werden im vorliegenden Buch noch präsentiert werden. Zur Revision des Gottesbildes aber sei hier ein Gedanke aus der Logotherapie eingeblendet, der sich mit neueren Erwägungen aus der Experimentalpsychologie deckt. Bekanntlich spielt der Zufall eine nicht unerhebliche Rolle im menschlichen Leben. Der Gedanke besagt nun, dass, wenn wir diese Rolle über größere Zeitabschnitte hinweg mit Neugierde und Akzeptanz betrachten, uns eine Ahnung davon zuteil werden kann, was es mit den Plänen der Vorsehung auf sich hat. *Viktor E. Frankl* drückte es in einem berühmt gewordenen Zitat wie folgt aus[3]:

Der Zufall ist der Ort, an dem das Wunder nistet – oder besser gesagt: nisten kann, denn immer kann etwas nur – niemals muss es mehr als bloßer Zufall sein. Allemal kann nur das natürliche Sein Träger sein eines übernatürlichen Sinns, eines Übersinns; aber der Übersinn ist diskret: er drängt sich einem nicht auf und kann ebenso gut unbemerkt bleiben.

Welch eine schöne Definition des Zufalls als dem Ort, »an dem das Wunder nistet«! Welch eine kluge Begriffsbildung auch bezüglich eines alle menschliche Vorstellungskraft übersteigenden Gesamtsinns der Schöpfung im Wort »Übersinn«! Ist es nicht möglich, dass sich Letzterer just demjenigen einen Spalt breit offenbart, der sich aufmacht, den Zufällen (»Wundernistplätzen«) seines Lebens auf die Spur zu kommen? Oder anders ausgedrückt: dass sich beim Sammeln und Auffädeln jener Zufälle auf einen »roten Faden« ein winziger Blick erhaschen lässt auf »Urvertrauenswürdiges«?

Eine Patientin berichtete mir einst über ihre desolate Kindheit. Ihre Mutter hatte heimlich versucht, sie abzutreiben, angeblich mit einer Häkelnadel. Es war nicht gelungen. Als die Patientin, unehelich geboren, auf die Welt kam, hatte die Mutter keine Zeit für sie, und ein Vater war nicht vorhanden. Deshalb ließ die Mutter das Baby oft unbeaufsichtigt im Kinderwagen liegen. Eines Tages geriet der Kinderwagen ins Rollen, rutschte eine Böschung hinab und kippte um; das Baby erlitt einen Schlüsselbeinbruch. Ein anderes Mal, als die Patientin schon älter war, betrat sie, ganz sich selbst überlassen wie meistens, einen zugefrorenen Teich und brach ein. Spaziergänger, die gerade vorübergingen, zogen das zappelnde Mädchen aus dem Eiswasser.

Der Bericht könnte noch lange fortgesetzt werden, doch genügt das Bisherige, um zum Thema »Zufall« zurückzukehren. Nichts soll die Tragik der frühen Kindheit dieser Patientin schmälern. Dennoch ist bei genauem Hinschauen ein »höheres« Muster erkennbar. Ich rekapituliere: Die Mutter will ihr Ungeborenes abtreiben und unternimmt eine medizinisch gefährliche Aktion – aber die Patientin kommt als gesundes Baby auf die Welt. Der Kinderwagen rollt davon und kippt um – aber das herausfallende Kind bricht sich nicht das Genick, sondern bloß das Schlüsselbein. Dann landet das Mädchen auch noch im winterlichen Teich und wäre innerhalb weniger Minuten ertrunken – just in diesem Moment sind beherzte Spaziergänger zur Stelle und holen es heraus. Alles Zufall; doch der Zufall ist der Ort, »an dem das Wunder nistet«, in unserem Fall, an dem der Schutzengel wohnt, der über dem verlassenen Kind gewacht hat, denn es sollte offensichtlich leben! Es sollte nicht umkommen, weder durch Häkelnadel, noch durch Eiswasser, es sollte aufgespart werden für eine Erwachsenenzeit, um vielleicht etwas Sinnvolles in seiner Zeit zu erfüllen.

»Es stimmt«, sagte ich zu meiner Patientin, »von Ihren Eltern waren Sie nicht gewollt. Trotzdem scheint mir, dass Sie *urgewollt* gewesen sind, urgewollt und für etwas ›vorgesehen‹; oder wie könnte man die Serie der gnädigen Zufälle in Ihrer Kindheit sonst deuten?« Die Patientin war von meinen Argumenten fasziniert. »Ich habe mich immer als überflüssiges Balg erlebt«, stammelte sie bewegt, »jetzt glaube ich, dass ich am Ende doch nicht überflüssig bin. Aber wofür könnte ich aufgespart worden sein?« Ja, darüber dachten wir bei unserem weiteren Gespräch nach, das sich überhaupt nicht mehr um ihre traurige Kindheit, sondern um die zu gestaltende Gegenwart drehte, und um eine Zukunft, die des diskreten Wirkens ihres einstigen Schutzengels würdig sein könnte.

Wenn wir die Zufälle in unserem Leben, die angenehmen wie die unangenehmen, aus einigem Abstand betrachten und auf die Richtung hin überprüfen, in die sie uns gelenkt haben, dann zeichnet sich mit hoher Wahrscheinlichkeit da oder dort ein »roter Faden« ab, eine Wegspur, der es lohnt, nachzusinnen. Denn unter diesem Gesichtspunkt sind wir in der Tat bedingungslos Beschenkte, und das Geschenk ist der Weg. Er kommt aus der Geborgenheit und er führt in die Geborgenheit zurück, wir müssen ihn nur gehen. Sollten wir stecken bleiben oder abweichen, wird uns der Zufall führen.

Interessant ist, dass die nüchterne Experimentalpsychologie nach jahrzehntelangen Untersuchungen von Einflüssen auf Lebensschicksale bei einem analogen Gedanken angelangt ist. Ich berufe mich u. a. auf *Dieter E. Zimmer*, einen der bekanntesten Verhaltensforscher, der sich insbesondere mit den spannenden Entwicklungen von Zwillingen, milieugeschädigten Kindern und Kibbuzinsassen beschäftigt hat. Er wollte wissen, was die Unterschiede zwischen Menschen hervorbringt, die miteinander aufwachsen; vor allem, was Geschwister einander unähnlich macht, da bei denen sowohl das genetische Material, als auch die Erziehungsfaktoren doch sehr ähnlich sind. Hier sein Resümee[4]:

Vielleicht ist die Suche nach den Einflüssen, die Familienmitglieder unähnlich machen, darum bisher so ergebnislos geblieben, weil es keine oder nur geringe systematische Einflüsse dieser Art gibt. Vielleicht ist es der pure Zufall, der unser Lebensschicksal weitgehend bestimmt und es von anderen Schicksalen abhebt. Mir scheint es plausibel. Der eine sitzt in der Schule zufällig neben einem bewunderten Torschützen, versucht es ihm nachzutun und wird dank mehrerer weiterer Zufälligkeiten zu einem Tennis-As; sein Bruder stolpert zufällig über einen Stein, zerrt sich den Meniskus, hat fortan keine Freude mehr am Sport, verlegt sich lieber auf die Mathematik und wird aufgrund einiger weiterer Zufälle schließlich Informatiker. Sonst wäre vielleicht auch er Sportler geworden. Sein Beruf, sein ganzer mit diesem zusammenhängender Habitus sind letztlich nur auf jenen Stein zurückzuführen, über den er als Kind fiel. Und dann kommen die Wissenschaftler und wollen wissen, welche systematischen Einflüsse es waren, die zwei Brüder so verschieden gemacht haben! Stolpersteine werden sie unter ihnen nicht suchen und nicht finden.

Wir sehen: Die empirische Wissenschaft stößt beim Zufall an ihre Grenzen. Uns aber steht es frei, einen Schritt über die Grenze hinaus zu wagen in der Annahme, dass die Glücksfälle genauso wie die Stolpersteine unseres Lebens manchmal *mehr* als Zufälle sind, ja, dass sie Orte sein können, »an denen das Wunder nistet«. Wer diesen Schritt mit vollzieht, hat sich zu einem vertrauensvollen Gottesbild durchgerungen.

Der Sieg einer jungen Frau

Ein exzellentes Beispiel einer überaus tapferen Frau, die sich auf dem beschriebenen Weg ihr Urvertrauen zurückerobert hat, sei im Folgenden dargestellt. Sie schrieb mir im April 2002 einen bewegenden Brief, aus dem ich (mit ihrer großzügigen Erlaubnis) essenzielle Passagen wiedergeben möchte, um Lesern und Leserinnen, die von irgendwelchen Katastrophen heimgesucht worden sind, Mut zum Weiterleben und »Weiterglauben« zu machen.

Ihr Brief beginnt mit der Rückblende, dass wir beide bereits in schriftlichem Kontakt miteinander gewesen sind, was ich längst vergessen hatte:

Nach einem furchtbaren Autounfall, bei dem ich fast gestorben bin, habe ich mich vor neun Jahren an Sie gewandt. Nach diesem 8.4.1993 habe ich nicht gewusst, wie es weitergehen soll. Die körperlichen Verletzungen haben wahre Künstler von Ärzten so gut behandelt, dass man schon nach einigen Monaten äußerlich nichts mehr davon sah. Nach außen hin zwar unverändert, musste ich jedoch mit einer nicht behebbaren Hirnverletzung (Läsion im Ponsbereich) leben lernen.

Die Verletzung meines Gehirns wirkt sich vorwiegend im affektiven Bereich aus. Mein geliebter Beruf als Realschullehrerin (in den Fächern Deutsch und Religion) ist mir für immer unmöglich geworden. Heute bin ich in Frühpension mit Schwerbehindertenausweis.

Nach dem Unfall war ich nur noch ein Schatten meiner selbst. Aus der »starken« Frau war ein hilfloses kleines Mäd-

chen geworden. Mein Leben in seiner bisherigen Qualität und Planung war zerbrochen. Meine Fähigkeiten waren auf ein so jämmerliches Maß eingeschränkt, dass es mir lange Zeit wie eine Strafe vorkam, weiterleben zu müssen: Wo denn die Kraft dafür hernehmen?

Hier taucht sie auf: die Frage nach der Kraft! Im Vorkapitel habe ich behauptet, dass diese Kraft einem authentischen Ich in Verbund mit einem vertrauensvollen Gottesbild entspringt, bei dem die »Karten der Vorsehung« nicht eingesehen werden müssen, sondern durchaus als Zufallsmischung erscheinen dürfen. Prüfen wir anhand des vorliegenden Briefes, ob meine Behauptung der Realität standhält:

Damals, in dieser bitterschweren Zeit, in der ich mich nur nach dem Tod sehnte, schrieb ich Ihnen. Ich weiß es noch, als wäre es erst gestern geschehen. In Ihrem Antwortbrief nannten Sie meine Situation auch schwer, ohne sie zu verharmlosen, und sandten mir ein Buch mit einer handgeschriebenen Widmung – ein Mutzeichen! Damals konnte ich kaum lesen, habe mich aber an dieses Buch geklammert, als ginge es um mein Leben. Das beste jedoch war die Karte, die Sie beilegten, ein Bild mit den Resten eines griechischen Tempels, hinter dem das tiefe Blau des Mittelmeerhimmels strahlte. Darunter stand der Spruch von Viktor E. Frankl: »Wie oft sind es erst die Ruinen, die den Blick freigeben auf den Himmel.«

Man kann das nie monokausal erklären, weil es immer ein ganzes Bündel feiner Stränge ist, die gemeinsam den Rettungsstrick bilden und einen davon abhalten, den schon minuziös geplanten Suizid doch nicht in die Tat umzusetzen – diese Karte war einer der ganz wichtigen Stränge.

Was habe ich bitter geweint, jedes Mal, wenn ich Ihren Brief wieder und wieder las, mit schmerzendem Herzen über den Trost in Ihren Worten. Schmerzend war die so ferne Hoffnung, die Ihre Worte und die Karte verhießen. Gutes ist manchmal so gut, dass es wehtut, weil alle anderen Gefühle dafür zu dünn sind und nicht ausreichen ... In den nicht enden wollenden dunklen Zeiten habe ich mich an dieser Hoffnung festgehalten: Irgendwann werde ich den »Himmel« sehen, von dem ich noch gar nicht weiß, wie er ausschaut, aber er »steht mir ja irgendwie zu«. Mein Leben ist ja nichts mehr als ein Trümmerfeld. Irgendwann, aber dafür ganz bestimmt, wird sich der Himmel auftun!

Schon ist es da, das vertrauensvolle Gottesbild, das ins Unverstehbare hineinragt. Ein Spruch, der (zufällig?) im Postkasten gefunden worden ist, knüpfte den »roten Faden« neu an.

Erfahren wir jetzt, wie mühsam der Aufbau eines authentischen Ichs unter extremen physischen Behinderungen ist und wie er dennoch gelingen kann:

Heute will ich Ihnen etwas zur Fortsetzung meiner Geschichte berichten, die 1993 so unsäglich schlimm war.

Ein weiterer wichtiger von diesen Strängen aus dem Überlebens-Hoffnungs-Strick war ein Professor. Er ist ein außergewöhnlicher und großartiger Mensch und hatte mir schon während meines Studiums empfohlen, mich wissenschaftlich zu betätigen. Deswegen hatte ich den Mut, ihm aus der Reha-Klinik von meinem Geschick zu schreiben mit der Frage, was ich denn nun vielleicht an der Universität noch machen könnte, nachdem mir der Weg zu meinen geliebten Schülern weggebrochen war. »Kommen Sie«, hat er als erstes gesagt, als er mich dort anrief.

Dieses »Kommen Sie«, das ein solcher Vorschuss war, in dem so viel Zutrauen zu meinen Leistungsmöglichkeiten steckte, während ich mir doch aufgrund meiner jämmerlichen Existenz gar nichts mehr zutraute, hat mich weiterkämpfen lassen, auch wenn ich wieder einmal bitter geweint habe, weil mich das Lesen eines sechsseitigen Artikels noch mehrere Tage gekostet hat ...

Ein Schutzengel hat mich als Werkzeug benützt, der Briefschreiberin einen symbolkräftigen *Frankl*spruch in die Hände zu spielen ... Ein anderer ist in die Haut jenes Universitätsprofessors geschlüpft und hat sie zu fernen Ufern gelockt ... Wir wollen aber registrieren, dass beide Schutzengel nicht aktiv geworden wären, hätte die Frau selber keine Signale in die Welt ausgesandt. Deshalb waren es im Wesentlichen *ihre Unternehmungen*, denen sie die Renaissance ihres authentischen Ichs verdankt. Bald trat eine weitere enorme Eigeninitiative hinzu:

Das Wohnen in meiner Stadt ist mir immer schwerer geworden. Überall traf ich einstige Schüler, die mich freudig begrüßten – ein immer neuer Schmerz über den Verlust! –, überall waren Menschen, die mich als die starke Frau kannten, die ich früher gewesen bin. Diese Erinnerungen waren eine Last. Ich suchte die Chance, eine »Frau ohne Vergangenheit« zu sein, einfach so, wie ich nun eben jetzt (geworden) war, und Punkt.

Dann brauchte ich dringend eine sinnvolle Betätigung, bei der ich nicht auf den Umgang mit Menschen angewiesen war. Verstand ich doch ironische oder witzige Bemerkungen erst mal todernst und war verstört, statt zu lachen. Ich war so verletzlich, dass ein rohes Ei neben mir wie ein Basketball wirkte; und Menschen sind halt oft, auch ganz ohne Absicht, verletzend. Doch für mich nahmen selbst banale Streits die Dimension von Lebenskrisen an.

Nicht von der Hirnverletzung betroffen war der intellektuelle Bereich meines Gehirns. Der funktionierte noch, auf den konnte ich mich als Geländer stützen, wenn mich emotionale Störungen oder hirnorganisch ausgelöste Depressionen völlig aus dem Häuschen brachten ... Ich suchte also einen Schutzraum für mein Leben, dem so enge Grenzen gezogen waren, einen Raum mit sparsam dosiertem Umgehenmüssen mit Menschen, eine Tätigkeit, in der vor allem der intakt ge-

bliebene Hirnbereich zählte – und das am besten in einem neuen Lebensumfeld.

1997 bin ich dann mit dem Mut der Verzweiflung in die Stadt umgezogen, in der mein Professor an der Universität lehrt. Er schlug mir ein Thema aus der Geschichte der Religionspädagogik vor, und zwar aus dem 19. Jahrhundert, was mir Schutz vor den aktuellen wissenschaftlichen Disputen verhieß.

Im Text beeindruckt, wie klar die Briefschreiberin ihre beschädigten von ihren unbeschädigten psychischen Ressourcen zu trennen vermochte, und wie zielstrebig sie darauf lossteuerte, einen Einsatzbereich zu entdecken, in dem vorwiegend ihre unbeschädigten Ressourcen zum Tragen kamen. Dies ist wahre Lebenskunst: mit den verbliebenen Freiräumen etwas Sinnvolles anzufangen, anstatt permanent den verlorenen nachzutrauern! Und noch eine seltene Kunst beherrschte die Frau, nämlich die Kunst der »Selbsthingabe in Selbstvergessenheit«.

Wegen meiner eingeschränkten visuellen Merkfähigkeit war es verflixt kompliziert, mich in der neuen Stadt zurechtzufinden. Ich habe mich ganz banal zwei Jahre lang nur verlaufen; aber das konnte ich mit viel Selbstironie und einem Stadtplan als Dauerbegleiter noch leicht wegstecken. In Wirklichkeit war es gewaltig anstrengend, mich in eine andere Umgebung umzupflanzen.

Aber ich hatte ja als Ziel mein großes Leben-lern-Projekt: die Vergangenheit vergessen und nach vorne schauen. Wieder richtig und ausdauernd lesen können, Kontakt zu fremden Menschen aufnehmen, eine Aufgabe haben. Der oft genug alberne Spruch »Der Weg ist das Ziel« hat bei mir gestimmt. Damals fand ich das Gedicht von Angelus Silesius:

Die Ros' ist ohn' Warum,
sie blühet, weil sie blühet,
sie acht' nicht ihrer selbst,
fragt nicht, ob's einer siehet.

Für mich hat das meine Situation beschrieben. Ich wollte so sehr, dass Sinn in meinem Leben war, ich wollte was tun, auch wenn meine »Arbeit« niemanden sonst (außer den Professor) interessierte. Ich hab's mit aller Hingabe getan, ohne Geld zu verdienen, ohne Hoffnung auf Karriere, ohne wissenschaftliche Ambitionen, ohne geringstes Verlangen nach einem Titel. Leben lernen, auch wenn es niemand auf der Welt sieht, darum ging's. Entlastend war, dass mich meine Aufgabe von mir selbst ablenkte (»sie acht' nicht ihrer selbst«). Selbstvergessen saß ich über den Büchern, zumindest solange mein Kopf mitmachte. Diese Stunden waren die glücklichen, denn eine Beschäftigung mit meinem Nach-Unfall-Zustand war Leid pur. Also lieber möglichst nicht daran denken und stattdessen deutsche Handschriften lesen lernen und alte Katechismusbearbeitungen vergleichen.

Sagte ich nicht: Das Geschenk ist der Weg? Sagte ich nicht: In dieser Perspektive sind wir alle bedingungslos Beschenkte? Aber wer versteht schon sein Geschenk so lauteren Sinnes aufzugreifen und zu verwerten wie unsere Briefschreiberin? *Nichts* wollte sie für sich selbst, obwohl sie jedes Recht der Welt gehabt hätte, nach Vorteilen, Zuwendung, Beifall, Erfolg und Streicheleinheiten zu schreien. Doch nein, sie wollte nichts. Vielmehr »gegenverschenkte« sie sich an das Geschenk und potenzierte es dadurch. Der Erfolg, der sich bekanntlich am ehesten *unbeabsichtigt* einstellt, war bei einer derart echten, ehrlichen und selbstvergessenen Selbsthingabe nicht zu bremsen und überrollte die Frau geradezu.

Ich begann ein Promotionsstudium, obwohl mir die Promotion völlig egal war – aber man braucht ja irgendeinen »Rahmen«. Überwiegend war ich in Archiven und Bibliotheken tätig. Hier lag meine Chance. Der Umgang mit Menschen war krisenträchtig, aber die alten Folianten waren friedlich und taten mir nichts. So gewann ich sie lieb, meine »alten Knaben« aus dem 19. Jahrhundert, die sich oft dumm und arrogant, mitunter auch liebevoll um den Religionsunterricht an den Volksschulen im Königreich Bayern bemüht hatten.

Das war meine schönste Zeit. Ich durfte forschen, mein Leben nahm zu an Gehalt. Ich bekam großes Lob von meinem Professor, der stolz auf mich und meine Ergebnisse war und sie gelegentlich in seinen Artikeln nutzte. Auch war ich niemandem Rechenschaft schuldig, wenn mal wieder schlechte Zeiten kamen und ich wochenlang ausfiel. Der Professor hatte vom ersten Tag an seine professoralen »Flügel« über mich gebreitet, indem er mich als seine Forschungsassistentin einführte, was mir Respekt und Schutz genug vor genauerem Nachfragen bot. Und damit verwandelte sich meine Frühpension gleichsam in ein »Stipendium«.

In der Fortsetzung wird berichtet, dass die Briefschreiberin auf Drängen ihres Doktorvaters gegen Ende 2000 ihre Dissertation abgegeben und im Februar 2001 ihr Rigorosum glänzend bestanden hat. Trotzdem war der geheimnisvolle Götterbote »Zufall« nach wie vor mit dabei, ihr Leben hauchzart zu lenken:

Wegen eines gemeinsamen Reprint-Projekts mit meinem Professor stellte ich am 8.4.2002 den Antrag auf vorzeitiges Führen des Doktorgrads, dem ich allerdings so gut wie keine Chancen einräumte. Aber der 8.4. ist ja immer mein böser Jahrestag – es war neun Jahre nach dem Unfall, neun Jahre nach dem Tag, als ich im Sterben lag. An so einem Datum kann man leichten Herzens auch mal Sinnloses tun ... Wider alles Erwarten erreichte mich schon am 11.4.2002 die Nachricht aus der Universität, dass ich zum Führen des Doktortitels (noch vor dem Druck meiner Dissertation) berechtigt sei.

Es ist mir erst am Tag danach aufgefallen, dass dieses Datum wiederum auf den Tag vor neun Jahren traf, an dem ich aus dem Koma aufgewacht bin, zerschunden, verwirrt und nicht einmal meinen eigenen Namen wissend. Dieses zufällige Zusammentreffen ist ein ganz besonderes Geschenk. Denn ab nun wird sich meiner Unfallerinnerung an diesen Kalendertagen auch das Erinnern an die neuen Ereignisse hinzugesellen – nun kann die jährliche Traurigkeit nicht mehr mit gewohnter Wucht kommen, weil ihr ein neues Thema angefügt wurde!

Klug, wie sie ist, erkannte die Briefschreiberin die Gnade des letztgenannten Zufalls, die darin bestand, »böse« Kalendertage für alle Zukunft mit Lorbeeren zu vergolden. Vor allem aber erkannte sie mit der Hellsichtigkeit des leidenden Menschen, dass wir Beschenkte sind, tagein, tagaus, und maßte sich nicht an, den Lorbeerkranz in einem überheblichen Triumph um die eigene Stirne zu winden. Sie schloss ihren Brief mit den Worten:

Wenn ich zurückschaue, ist mir (unverschuldet) viel Leid geschehen. Das kann man nicht auslöschen, durch nichts wieder gutmachen. Aber heute kann ich bezeugen: mir ist auch sehr viel Gutes geschehen. Wenn mir auch mein geliebter Beruf genommen worden ist, mein Leben damals zerbrochen ist, so ist dennoch mitten in diesem furchtbaren Trümmerfeld auf wundersame Weise Neues aufgekeimt, und zwar Gutes und Gelungenes. Der Doktortitel war mir nie wichtig, doch heute bedeutet er ein tröstliches Zeichen für jenes Neue, das auf den Ruinen des Alten gewachsen ist. Geschenkt. Und nicht anders.

Ich persönlich bin felsenfest davon überzeugt, dass man die besonderen Dinge im Leben, die, auf die es wirklich ankommt, nicht »herstellen« kann, auch nicht mit extremem Fleiß. Die kommen auf einen zu. Irgendwann und irgendwie und unverdient. Das »Leben« kommt auf einen zu, oder Gott, wie ich sage, weil ich an ihn glaube.

Kann man jetzt sehen, dass sich über den Ruinen ein Stück Himmel geöffnet hat?

Ich danke der Briefschreiberin für dieses kostbare Dokument. Möge es alle Leser und Leserinnen zur Stärkung ihres Urvertrauens anregen.

Zusammenfassung

1. Urvertrauen ist ein »unerhörtes Positivum«, das hilft, auch noch extrem schwierige Grenzsituationen zu meistern.
2. Fehlendes Urvertrauen öffnet Tür und Tor für Frust- und Panikreaktionen aller Art, die nicht selten schädliche Folgen für sich selbst und andere nach sich ziehen.
3. Zur Rückgewinnung des Urvertrauens ist zweierlei notwendig: eine Stärkung des authentischen Ichs und die Revision eines problematischen Gottesbildes.
4. »Der Zufall ist der Ort, an dem das Wunder nistet.« – »Wie oft sind es erst die Ruinen, die den Blick freigeben auf den Himmel.« In diesen beiden *Frankl*zitaten klingt an, dass alles, was geschieht, seinen tieferen Sinn haben kann, selbst dann, wenn wir ihn nicht verstehen.

Problem 2: Übergroße Angst

Störbar oder zerstörbar?

Angstneurosen und Panikattacken gehen nicht allein auf überzogene, situationsinadäquate Angstgefühle zurück. Aus Angst reagieren Menschen »falsch«, und diese ihre falschen Reaktionen bahnen erst die seelischen Krankheitsprozesse an und schleifen sie ein. Das therapeutische Korrektiv besteht demnach darin, solche Menschen zu »richtigeren« Reaktionen auf ihre überzogenen Ängste zu motivieren, speziell zu Reaktionen, die ihren Ängsten »den Wind aus den Segeln nehmen«, das heißt, sie entmachten und schrumpfen lassen.

Bevor wir uns den richtigen – nämlich gesunden und gesundheitsstabilisierenden – Reaktionen auf inadäquate Ängste widmen, sei mir aber mit Blick auf das bisher Dargelegte noch eine Bemerkung gestattet. So sehr die falschen Reaktionen neurosefördernd sind, muss doch mit berücksichtigt werden, dass Angstkrankheiten keine Entstehungschance hätten, wüssten sich die daran leidenden Personen grundlegend geborgen. Denn *dass* ein überzogenes Angstgefühl in diesen Personen aufsteigt, und *dass* sie falsch darauf reagieren, hat ein und dieselbe Wurzel: sie halten sich für ganzheitlich beschädigbar und zerstörbar – über ihr organismisches Dasein hinaus. Bedenken wir die sich daraus ergebenden Konsequenzen.

Konsequenz 1:

Wer sich für ganzheitlich zerstörbar hält, wird die Zukunft stets auf mögliche Zerstörungsgefahren hin analysieren. Auf ihn wartet ja unweigerlich irgendwann die Katastrophe seiner Vernichtung. Die Frage ist lediglich: früher oder später? Und in welcher Form wird sie über ihn hereinbrechen? Er lebt (auch ohne äußere Bedrohung) in einer ständigen »Ich-Untergangsstimmung«.

Konsequenz 2:

Seine Stimmung entspricht der von *Viktor E. Frankl* so benannten »Erwartungsangst«: der Angst vor etwas Negativem, das ihm widerfahren könnte. Noch ist sie ein dumpfes Gefühl ohne inhaltliche Füllung. Nun aber genügt eine winzige Verkettung von fatalen Umständen, um die Erwartungsangst an einen bestimmten Inhalt zu binden.

Ein Beispiel dazu. Jemand verschluckt sich bei einem festlichen Essen in nobler Gesellschaft und muss heftig husten und nach Luft schnappen, was ihm natürlich sehr peinlich ist. Seine Angst bindet sich daraufhin an die Vorstellung, er könnte beim nächsten gemeinsamen Essen mit Gästen oder Vorgesetzten erneut Schluckprobleme bekommen, er müsste vielleicht gar erbrechen oder würde an einem Bissen fast ersticken. Auf dem Hintergrund der »Ich-Untergangsstimmung« gewinnt der »Ich-Untergang« sozusagen konkrete Gestalt.

Konsequenz 3:

Wer sich für ganzheitlich zerstörbar hält, konzentriert all sein Bemühen auf die Hinausschiebung der Katastrophe seiner Vernichtung. Er erfindet Rückversicherungsmechanismen, symbolische Schutzwälle oder klammert sich an Bezugspersonen, die sich bei Gefahr vor ihn stellen sollen. Er lebt in beengtem Rahmen und wagt Dinge wie Sport, Spiel und Reisen nicht. Ausgelassene Fröhlichkeit ist ihm fremd. Häufig baut er eine beschränkte Privatsphäre auf, in der er sich einigermaßen wohlfühlt, weil sie in ihrer Gleichförmigkeit und Regelmäßigkeit die Illusion scheinbarer Geborgenheit vermittelt.

Konsequenz 4:

Gewinnt für ihn der »Ich-Untergang« konkrete Gestalt wie im obigen Beispiel, reagiert er mit einer Intensivierung seines Abschirmungsstrebens und Rückversicherungsbemühens, und dies ist exakt jene falsche Reaktion, die sich sukzessive krankheitsstiftend auswirkt. Die eigene Vernichtung soll hinausgeschoben werden, also flieht er jedwede Situation, die ihn (vermeintlicherweise) vernichten könnte.

Im Beispiel meidet der Betreffende ab sofort das Ausgehen in Gesellschaft und das Essen in Gegenwart anderer Menschen. Doch seine Ängste spitzen sich zu. Bald trägt er vorsichtshalber krampflösende Medikamente mit sich herum und nimmt am Ende bloß in seinen eigenen vier Wänden noch Brei zu sich.

Konsequenz 5:

Das Neurotisierende an der falschen Reaktion ist die Tatsache, dass mit ihr eben nur illusionäre Geborgenheit erkauft wird. Denn der »Ich-Untergang« lauert wenn, dann überall. Man kann auch daheim ersticken, sogar an Brei. Kein Schutz ist vollkommen. Die panische Furcht eskaliert, sie kriecht bis in die Schutzwinkel der Privatsphäre hinein, in der sich der Angstkranke wimmernd und bebend versteckt.

Konsequenz 6:

Und noch ein »teuflisches« Attribut haftet den überzogenen Ängsten an. Sie ziehen das Gefürchtete direkt an, wie *Viktor E. Frankl* meisterhaft beschrieben hat[5]:

... ein an sich harmloses, flüchtiges Symptom erzeugt im Patienten die phobische Befürchtung seiner Wiederkehr. Diese Erwartungsangst verstärkt sodann das Symptom, und schließlich bestärkt das solcherart verstärkte Symptom den Patienten nur noch mehr in seiner Phobie. Dann ist der Teufelskreis geschlossen, hat sich der Patient in ihn eingeschlossen, eingesponnen wie in einen Kokon. Von solchen Fällen gilt: Ist der Wunsch der sprichwörtliche Vater des Gedankens, so ist die Angst die Mutter des Geschehens, nämlich des Krankheitsgeschehens.

Im obigen Beispiel steigert die Angst vor einem möglichen Ersticken während des Essens die muskuläre Spannung der Hals- und Kehlkopfpartie des Betreffenden, was erst recht Erstickungs- und Würgesensationen bei ihm auslöst.

Konsequenz 7:

Damit nicht genug. Die »Ich-Untergangsstimmung« hat zwei unangenehme Gefährten in ihrem Gefolge, die bei der Einschleifung von Angstneurosen fleißig mithelfen, nämlich die soziale Abhängigkeit und das »vegetative Stigma« (*v. Bergmann*).

Wer sich an Bezugspersonen klammert, die ihn im Gefahrenfall schützen sollen, macht sich von diesen Bezugspersonen abhängig. Er darf ja ihre ungebeugte Fürsorglichkeit nicht verlieren, deshalb will er vor ihnen gut dastehen, redet ihnen nach dem Munde und versucht verzweifelt, ihre

Gunst zu erhalten. Eine Abwendung ihrerseits von ihm kommt in seiner Vorstellung ähnlich dem Vernichtetwerden gleich, wie das Eintreten des gefürchteten Ereignisses, vor dem sie ihn bewahren sollen.

Das vegetative Stigma wiederum bedeutet, dass bei Angstkranken nicht selten eine konstitutionelle biologische Alarmbereitschaft vorliegt, die dafür sorgt, dass die inadäquaten Angstfantasien wirklich zur »Mutter des Geschehens« (*Frankl*) avancieren. Ohne neuropathisch-konstitutionelle Grundlage würde die Erwartungsangst das Symptom nicht so einfach herbeilocken können. Dass Angst vor Schwitzen genügt, um zu schwitzen, Angst vor Erröten genügt, um zu erröten, oder Angst vor einem Sichverschlucken genügt, um nicht mehr normal schlucken zu können, ist eine wahrhaft satanische Rückkoppelung zwischen Psyche und Bios, Leib und Seele.

Zusammenfassend lässt sich sagen, dass die These, ganzheitlich zerstörbar zu sein, in einer Art ungeheuren »sich selbst erfüllenden Prophezeiung« zur Zerstörung führt. Nicht zur Zerstörung der Person, die in ihrem geistigen Kern einem ewigen Reich angehört, sondern zur Zerstörung der frohen Lebensvollzüge der Person. Die Therapie muss daher solchen Patienten helfen, ihre frohen Lebensvollzüge wieder herzustellen; darüber hinaus aber hat sie sie zur Gewissheit ihres im Wesen unzerstörbaren Ichs zurückzugeleiten.

Die Methode der Paradoxen Intention

Zu diesem Zweck hat sich die Methode der »Paradoxen Intention« bewährt, die ihr Begründer *Viktor E. Frankl* kurz und bündig folgendermaßen beschrieben hat: »Der Patient wird angewiesen, sich genau das, wovor er sich so sehr fürchtet, nunmehr zu wünschen.« Diese Methode bzw. Anleitung zur richtigen, ja, optimalen Reaktion auf inadäquate Ängste ist anhand von zahlreichen Studien (u. a. von *Erickson und Watzlawick*) in ihrer Effektivität überzeugend bestätigt worden. Trotzdem dünkt sie auf den ersten Blick merkwürdig. Der Angstkranke soll sich wünschen, zu schwitzen, zu erröten, sich zu verschlucken und am besten gleich zu ersticken? Wird dieser Wunsch, der angebliche »Vater des Gedankens«, nicht die Gedanken des Kranken an eine drohende Katastrophe noch zusätzlich hochpeitschen und ihn an seine Panik ausliefern? – Er würde es tun, wenn der Wunsch nicht in ein besonderes Material verpackt wäre, nämlich in den Humor!

Der Humor ist ein menschliches Spezifikum; kein Tier ist fähig zu lachen. Lachen setzt eine innere Distanz zum Belachten voraus, und gar das Lachen über sich selbst (oder einen Teil von sich selbst) erfordert eine ausgereifte Selbstdistanzierungsfähigkeit, über die kein Tier verfügt. Lachen ist ferner eine innere Erhebung über das Belachte; der Lachende ist klüger, weiß es besser, durchschaut es – was es auch sei, er ist *nicht identisch* mit dem Gegenstand seines Lachens. Schließlich ist Lachen Ausdruck einer Differenzierungsleistung beim Lachenden, der offensichtlich weiß, was *nicht ernst* ist, nicht ernst genommen zu werden braucht, nicht wert ist einer ernsthaften Auseinandersetzung damit.

Diese herrlichen Funktionen des Humors werden therapeutisch zur Abheilung angstneurotischer Symptome genützt. Gemäß der Paradoxen Intentions-Anweisung haben sich Patienten das von ihnen Gefürchtete humorvoll übertrieben (quasi »sehnlichst«) zu wünschen. »Geschluckt wird nur mehr über die Luftröhre«, könnte sich der Angstkranke aus dem obigen Beispiel vornehmen, »über die Speiseröhre essen kann ein jeder! Außerdem will ich die langweilige Gesellschaft, mit der ich mich heute treffe, auf Trab bringen, und ein ›Erstickungsanfall mit Pfiff‹ wäre dafür gerade recht. Hui, würden die Leutchen da um mich herumspringen! Eine so hübsche Leiche wie mich hätten sie aber auch nicht alle Tage im Esszimmer ...«

Ein Patient, der so oder ähnlich mit sich selbst spricht, ist von seinen Ängsten bereits ein gehöriges Stück abgerückt. Er identifiziert sich nicht mehr mit ihnen, sondern, im Gegenteil, distanziert sich von ihnen. Die »Gegenübertreibung« – übertriebener Wunsch gegen überzogene Ängste – hilft ihm zu erkennen, wie wenig ernst seine Situation de facto ist. Denn einzig eine aufsteigende Panik vermöchte seine Schluckreflexe zu irritieren, doch das innere Lachen bannt die Panik, und an einem ruhigen, angstfreien Essen wird er kaum ersticken. Je mehr er sich munter darauf vorbereitet, eine »hübsche Leiche« zu werden, desto lebendiger bleibt er.

Oft wird die Frage gestellt, ob es einem Angstpatienten zuzumuten ist, sich etwas zu wünschen, das er zutiefst befürchtet. Die Antwort lautet: Es verlangt ihm zweifellos viel ab, doch zumutbar ist es auf jeden Fall. Der Mensch ist mit seiner geistigen Distanzierungskraft imstande, noch weit erstaunlichere Leistungen zu absolvieren als die, kleinlichen und inadäquaten Ängsten ins Gesicht zu lachen. Die zentrale Frage, um die es hier geht, ist eher eine umgekehrte: Kann sich jemand überhaupt vor etwas fürchten, mit dem er sich derart einverstanden erklärt, dass er es sogar – und sei es nur in einem kurzfristigen Trotzanflug – heiß ersehnt? Die Erfahrung lehrt: nein. Das kann er nicht. Wie der Humor die Panik bannt, so bannt der paradoxe Wunsch die angstneurotische Furcht.

Eine geschickte Variante dieser Methode fand ich übrigens bei *Friedrich Glasl*, einem bekannten Konfliktforscher aus Österreich. Er überlegte, wie man die häufigen Schwarz-weiß-Malereien verfeindeter Opponenten, die einander extrem Verrücktes und sich selbst extrem Vernünftiges zuordnen, mediatorisch aufweichen könnte, und kam in Anlehnung an *J. W. Eiseman* und *Viktor E. Frankl* auf die Idee eines spielerisch-paradoxen Polarisierens[6]:

Diese Methode nenne ich »Gummibandmethode«, weil bewusstes Überziehen der polarisierten Standpunkte und die dadurch provozierten Erklärungen die »Zugkraft zur Mitte« verstärken. Die Opponenten widersetzen sich den extremen Standpunkten und entkräften durch ihre Erklärungen manches von dem, was ihnen zumindest in Gedanken bereits unterstellt worden ist.

Das (»lächerliche«) Verstärken der oppositorischen Standpunkte reduziert somit die Fixierung auf sie, genauso wie das (»lächerliche«) Herbeiwünschen gefürchteter Katastrophen das ängstliche Bangen vor ihnen reduziert.

Kehren wir noch einmal zur Urwurzel der Angstproblematik zurück, zur These, ganzheitlich zerstörbar zu sein, und der daraus resultierenden krampfhaften Tendenz, jedwede Beschädigung des Ichs abwehren und hinauszögern zu müssen. Es gibt keinen stichhaltigen Beweis für die Irrigkeit dieser These. Aber es gibt eine Möglichkeit, zu *erleben*, dass sie nicht stimmt, eine Möglichkeit, zu *spüren*, dass wir geistbegabten Kinder der Schöpfung im Letzten »störbar, aber nicht zerstörbar sind«, wie es *Viktor E. Frankl* genial zu formulieren pflegte. Wie? Sehr einfach: Man liefere sich an die schlimmste Beschädigung aus, zumindest in der Fantasie! Man weihe sein Ich »seelenruhig« dem Untergang! Die anderen werden uns verlassen? Wohlan, auf in die Einsamkeit! Unser Körper wird schlapp machen? Auch recht, Abwechslung muss sein, und immer nur aufrecht herumlaufen ist fad! Die Vernichtung nähert sich mit Riesenschritten? Na und? Besser ein Ende mit Schrecken als ein Schrecken ohne Ende!

Mit einer solch souveränen, paradox-gelassenen Haltung werden wir unangreifbar von allen negativen Erwartungen, die uns durch den Sinn ziehen mögen. Vor allem aber erleben wir mit hoher Wahrscheinlichkeit etwas völlig Unerwartetes: *dass dort, wo die Not am bedrängendsten ist, die Gnade am nächsten ist.* Das kann uns niemand wie eine mathematische

Gleichung vorrechnen, das muss uns selbst irgendwann aufgehen.

Im therapeutischen Kontext bedeutet dies, dass ein Patient, der seinen panischen Ängsten zum Trotz aufhört zu fliehen (wovor auch immer), zu der Erkenntnis vordringt, dass er gar nicht zu fliehen braucht, weil es überall – selbst noch in der echten Bedrohung, von der hier eigentlich nicht die Rede ist – ein Rettendes von transzendenter Qualität gibt. Der Verzicht auf Flucht, eingeleitet durch die Methode der Paradoxen Intention, erleichtert ihm die Heimkehr ins Urvertrauen.

Es ist wahr, mit übergroßer Angst kann man nur fertig werden nach dem Motto des amerikanischen Sprichwortes:

Fear knocked at the door.
Faith answered,
and no one was there.

(Die Angst klopfte an.
Der Glaube öffnete die Türe,
und niemand stand draußen.)

Wer die Türe verriegelt, wird den Klauen der Angst nicht entrinnen.

Was ist der Motor unseres Handelns?

Manche Zyniker aus der psychotherapeutischen Branche meinen, dass nicht der Glaube stärker sei als die Angst, sondern einzig eine noch stärkere Angst. Mitunter sieht es aus, als hätten sie Recht.

Ein Beispiel: Viele Hypochonder in Europa, die ständig um ihr körperliches Wohl besorgt sind, haben während des

Golfkrieges Anfang 1991 wochenlang ihre Minibeschwerden vergessen. Sie vergaßen, täglich Blutdruck zu messen, Puls zu fühlen, Kalorien zu zählen und Medikamente einzunehmen. Sie taten dies aber nicht, weil sie plötzlich die Angst um ihre Gesundheit los gewesen wären, sondern weil die Angst vor dem Ausbruch eines Atomkrieges, der auch Europa nicht verschont hätte, ihr Denken derart beherrscht hatte, dass darin kaum noch Platz für Schwindel, Magengrimmen und ähnliche Unpässlichkeiten war.

Ein anderes Beispiel: Ein Kind hat Angst, zur Schule zu gehen, weil es von seinen Kameraden gehänselt wird. Dennoch schwänzt es die Schule nicht, weil es noch mehr Angst vor seinen gestrengen Eltern hat, die ihm ein Schulschwänzen handfest verleiden würden.

Beide Beispiele beweisen, dass der von Ängsten gejagte Mensch tatsächlich manche Angsthürde überwindet, wenn ihm eine noch stärkere Angst im Nacken sitzt. Derlei Erfahrungen verleiten Verwandte, Freunde und sonstige Betreuer von ihm gelegentlich dazu, seine Ängste per Druck kurieren zu wollen. Also etwa einen unsportlichen Jungen, der sich vor dem Klettern fürchtet, unter Ankündigung seiner Ausstoßung aus der Peargroup (Clique) zum Turnen auf Ästen zu motivieren.

Ein solcher »Erfolg« ist allerdings relativ. Freilich macht Übung den Meister, und je öfter sich jemand auf Bäume schwingt, um beim letztgenannten Beispiel anzuknüpfen, desto leichter wird es ihm mit der Zeit gelingen. Andererseits bleibt die Angst nach wie vor der Motor seines Handelns; sie hat sich lediglich in ihrer inhaltlichen Anbindung vom Baum zur Peargroup verschoben. Präziser gesagt: Das Handlungsziel des Betreffenden ist konstant und ungebrochen *die möglichste Vermeidung dessen, was am meisten gefürchtet wird*. Alles wie gehabt ...

Ein Zweites ist bedenklich. Die Verscheuchung einer kleineren Angst durch eine größere Angst ist nur bis zu mittleren Intensitätsgraden fortsetzbar. Darüber hinaus fällt das gesamte auf Angst gebaute Gebäude wie ein Kartenhaus in sich zusammen. Nervenkrisen, psychosomatische Anfälle und Kurzschlusshandlungen lassen sein Fundament explodieren, und keinerlei Ermahnung irgendeiner Art greift dann mehr. Der Druck von außen trifft auf den für ängstliche Menschen typischen passiv-verbogenen, unaufrichtigen Widerstand, der, in das Mäntelchen von Scheinanpassung gehüllt, unauflösbar wird – weder offene Aussprachen, noch logische Argumentationen sind dann mehr durchführbar. Der Ängstliche hat sich in ein Schutzloch aus Krankheit, Stummheit und Weltabgewandtheit verkrochen und ist dort erstarrt. Er nimmt sozusagen am Leben nicht mehr teil, damit ihn das Leben nicht mehr aufstöbern und bedrohen kann.

Wollte man daraus den Schluss ziehen, dass es günstiger ist, überhaupt keinen Druck auf ängstliche Menschen auszuüben, würde man im Endeffekt über das magere Ergebnis verblüfft sein. Ein Mensch, den die Angst – und insbesondere die jeweils stärkere Angst – in Bewegung setzt, der bewegt sich nicht im druckfreien Raum. Ohne äußere Nötigung keine innere Angstentsprechung, und ohne diese kein subjektiver Handlungsbedarf. Das ängstliche Kind, das von niemandem gedrängt wird, zur Schule zu gehen oder bei Gruppenausflügen mitzumachen, sitzt eben zu Hause in seiner Puppenecke und spinnt sich in eine wohlige Traumwelt ein. Der ängstliche Erwachsene, der von sämtlichen Verpflichtungen freigestellt wird, züchtet sich kleine, eingebildete Problemchen, mit denen er sich beschäftigt wie mit Zinnsoldaten. Das druckfreie Klima erzeugt also nicht minder einen Rückzug in abgeschirmte Nischen, wie ihn der zu starke Druck erzeugt, nur weniger theatralisch und ostentativ pathologisch.

Sonach erweisen sich mittlere Anforderungen seitens des sozialen Umfeldes, die weder abrupt gesteigert werden, noch nachlassen, für ängstliche Personen als am förderlichsten. Doch ist auf diese Weise dem Motor »Angst« nicht beizukommen. Er stellt weiterhin das entscheidende Schwergewicht bei jeder persönlichen Zielsetzung dar. Getan wird, was getan werden muss, um Drohendem zu entgehen, auch wenn es sich um verkraftbares, also mäßig Drohendes handelt.

Dieser kurze Ausflug in das Gebiet der kommunikativen Interaktionen soll zeigen, dass der seelische Angstpegel des Einzelnen und die Einflüsse aus seinem sozialen Umfeld nicht den engen Zusammenhang haben, der im Allgemeinen vermutet wird. Nie ist es das Verhalten der Mitmenschen allein, das jemanden das Fürchten lehrt. Es ist eher die in ihm selbst schlummernde Angstbereitschaft, die bewirkt, dass er heftig auf Umwelteinflüsse anspricht und sich von ihnen dirigieren lässt: mittels sanfter Nachhilfe ins Leben hinein, mittels fehlender oder gewaltsamer Nachhilfe aus dem Leben hinaus. Die Grundnot zentriert sich um dieses Sich-dirigieren-Lassen des ängstlichen Individuums, das seiner Mitwelt gleichzeitig die Dosierungslast eines »angemessenen Dirigierens« aufbürdet. Die Grundnot ist, dass sich jemand nicht von selbst (also authentisch!) ins Leben hinein bewegt, unabhängig von einem eventuellen Geschobenwerden und unbeirrt durch ein eventuelles Gedrücktwerden; dass kein anderer Motor in ihm läuft als die Horrorvorstellung eines mehr oder weniger akuten Gefährdet- (und letztlich zur Gänze Zerstörbar-) Seins.

Was da dringend Not tut, ist keine stärkere Angst, wie jene Zyniker meinen, sondern ein Glaube, der stärker ist als die allerstärkste Angst, und der einen Motor der Sonderklasse zu starten vermag, nämlich den Motor »Sinnorientierung«.

Bevor wir diesem nachspüren, noch eine kleine orientalische Weisheitsgeschichte, erzählt von *Katrin Martin*[7]:

Der weise Mönch Yün zog die unendliche Straße hinunter. Da überholte ihn auf einem schönen Schimmel eine dunkle Gestalt. »Wer bist du?«, rief Yün ihm nach. Die Gestalt drehte sich um – und der Weise sah in das Gesicht eines Dämons! »Ich bin die Pest«, antwortete der Unheimliche, »und ich bin auf dem Weg nach Hungong, wo meine Opfer schon auf mich warten.«

»Sag, Fürst der Pest, wie viele wirst du dort niederstrecken?« »5000, das ist die Zahl, die ich bestimmt habe!« So sprach der Dämon und stob davon.

Als Yün zwei Tage später die Stadt Hungong erreichte, herrschte Trauer überall. Noch immer lagen Tote in den Straßen – und die Feuer brannten den ganzen Tag und die ganze Nacht über. Der Mönch tröstete, so gut er konnte, doch die Verzweiflung der Menschen war groß. Zwei Monate blieb Yün in der Stadt. Als der Alltag wieder einzukehren begann, schnürte er sein Bündel und machte sich wieder bereit, die große Straße herunterzuwandern, wie es sein Gelübde befahl.

Einige Meilen vor der Stadt begegnete er erneut dem Pest-Fürsten. Yün erhob voller Zorn seine Hand gegen den mächtigen Dämonen und sprach: »Du hast mir gesagt, du wolltest dir 5000 Opfer aus der Stadt holen. Aber was hast du getan? 50.000 beklagt man, 50.000!«

Da lächelte der Fürst der Pest und erwiderte: »Yün, Yün, wie wenig kennst du, der du dich weise nennst, die menschliche Natur. 5000 starben an mir – alle anderen hat die Furcht getötet!«

Wir verstehen: Obwohl in der Geschichte eine reale und keine bloß vorgestellte, vorab erwartete Bedrohung verhandelt wird und die Angst der Stadtbewohner demgemäß als absolut situationsadäquat eingeschätzt werden muss, ist die Bombe der »sich selbst erfüllenden Prophezeiung« nicht entschärft. Angst schwächt das Immunsystem. Ein geschwächtes Immunsystem kapituliert vor Infektionen. Im Gefahrenernstfall gewinnt die Furcht an Tötungsmacht.

Das Drama eines jungen Mannes

Zur praktischen Erläuterung sei ein Patientenbrief abgedruckt und analysiert. Er wurde aus einer Menge ähnlicher Zuschriften, die ich erhalte, ausgewählt, weil er hervorragend veranschaulicht, was die Angst mit einem Menschen machen kann, der sich ihr überantwortet. Mit nahezu fotografischer Schärfe skizziert darin ein junger Mann den angstneurotischen »Käfig«, in dem er sich verfangen hat. Wir wollen – mit seiner großzügigen Erlaubnis – Stab für Stab dieses Käfigs betrachten: worin er besteht, was ihn errichtet hat und was ihn wieder abreißen würde. Denn eines ist gewiss: Der Mensch ist nicht für den Käfig geboren!

Lauschen wir zunächst den Worten des jungen Mannes:

Bei mir selbst und in den eigenen vier Wänden sowie im Schutz eines recht großen Hauses finde ich seit vielen Jahren kaum noch die Geborgenheit, den inneren Frieden und die Gelassenheit, mit der ich mich in eine Sache vertiefen oder einer Sache hingeben könnte. Ich weiß nicht mehr, wo ich die Kraft hernehmen soll, den Belastungen und Anforderungen durch die Außenwelt standzuhalten. In meiner Seele bin ich so verwüstet, dass ich mein Innenleben nicht zu schützen weiß. Von allem, was sich um mich herum abspielt, werde ich abgelenkt, wodurch ich mich kaum konzentrieren kann.

Niemand hilft mir dabei, alle gehen ihre eigenen Wege und lassen mich links liegen, das ist mein Gefühl. Andererseits weiß ich beim besten Willen nicht recht auf die Außenwelt zu reagieren und entsprechend zu handeln; ich suche immer erst Schutz, worauf ich angewiesen bin. Solche Erwartungen werden enttäuscht.

Meine eigene Identität kenne ich nicht; was kann ich so mit anderen Menschen anfangen? Es gibt wirklich niemanden, dem ich erzählen kann, wie mir seit Jahren zumute ist, und der einfach nur zuhört. Ich weiß nicht, wie man von anderen angenommen wird, Beziehungen knüpft und etwas darauf aufbaut. Diese Dinge kann ich mir schlecht oder gar nicht vorstellen.

Jetzt bin ich 32 Jahre alt und noch nicht einmal zu einem geregelten Arbeits- und Erwerbsleben in der Lage: ich traue mich nicht weit genug hinaus! Dann schäme ich mich unter den anderen Menschen und muss denken, sie halten mich für schwierig, sie tuscheln über mich, ziehen sich zurück und freuen sich an meinem Verderben. So erhalte ich keine Anregungen mehr von außen, die ich dringend brauche. Ich leide darunter, dass ich mich von den anderen verachtet fühle. Damit werde ich seit Jahren nicht fertig. Ich bin mir selbst im Weg!

Wie kann ich aus diesem verengten Horizont hinaus in mehr Weite gelangen und wieder Halt gewinnen, auf dass ich mir mehr zutraue und weniger von der Angst vor mir selbst gequält werde?

Soweit der Text der Patientenzuschrift: sympathisch, ehrlich und Mitgefühl auslösend. Obgleich es sich um die Schilderung eines Krankheitsbildes in fortgeschrittenem Stadium handelt, werden sich auch seelisch gesunde Menschen in der einen oder anderen Formulierung wiederfinden: etwa in der Sehnsucht nach Schutz oder im häufigen Abgelenktwerden, in der Frage nach Identität und Beziehung, in der Sorge, was andere Leute von ihnen denken könnten, und im Leiden an einem verengten Horizont. Es sind keine unbekannten und ungewöhnlichen Stäbe, die sich hier zu einem ehernen Käfig zusammengefügt haben, im Gegenteil, alle ausgedrückten Emotionen sind nachvollziehbar – von jedem von uns.

Wie kam es aber zu der Tragödie, dass ein erwachsener junger Mann innerhalb der Mauern seines Wohnbereichs dahinvegetiert, als wäre er lebendig begraben, während draußen vor seiner Haustüre der Strom der Welt vorbeirauscht und nichts von ihm auf- und mitnimmt außer seiner puren

Verzweiflung? Rekonstruieren wir das Heraufdämmern der Tragödie anhand des Textes, um zu erkennen, was passiert ist, und wie wir der Angst in unserem eigenen Leben begegnen können, in dem ähnliche Käfigstäbe herumliegen mögen, nicht selten direkt vor unseren Füßen, und in dem es darauf ankommt, vorsichtig darüberzusteigen, um sie *hinter uns* zu lassen, damit sie sich nicht *vor uns* aufrichten oder gar *rund um uns* schließen. Gehen wir also die fünf Absätze des Briefes nochmals im Detail durch.

1. Absatz:

Bei mir selbst und in den eigenen vier Wänden sowie im Schutz eines recht großen Hauses finde ich seit vielen Jahren kaum noch die Geborgenheit, den inneren Frieden und die Gelassenheit, mit der ich mich in eine Sache vertiefen oder einer Sache hingeben könnte. Ich weiß nicht mehr, wo ich die Kraft hernehmen soll, den Belastungen und Anforderungen durch die Außenwelt standzuhalten. In meiner Seele bin ich so verwüstet, dass ich mein Innenleben nicht zu schützen weiß. Von allem, was sich um mich herum abspielt, werde ich abgelenkt, wodurch ich mich kaum konzentrieren kann.

Dieser Absatz ist dem Thema »Schutz« gewidmet. Jedes Tier und jeder Mensch hat ein elementares Bedürfnis nach Schutz und Sicherheit. Es steht ganz im Zeichen des Selbsterhaltungstriebes, der monumentalsten Naturkraft auf Erden. Alles, was lebt, will – von winzigen Exzeptionen abgesehen – weiterleben, will überleben, und daraus stammt der Wunsch nach Behütung dieses Lebens, das jeweils nur ein einziges Mal zugeteilt ist, ob ein Wesen sich dessen bewusst ist oder nicht.

Schutz und Behütung sind somit vitale Bedürfnisbefriedigungen, und jedes Lebewesen sucht sich die im Wort Be-hütung steckenden »Hüte«, unter denen es sich vor Feinden oder rauen Anfechtungen verbergen kann, wo es sich in Ruhe erholen oder im Kreis der Familie regenerieren kann, und wo es eben es selbst sein darf, ohne sein Selbst ständig verteidigen zu müssen. Solche Hüte reichen von den leeren Muschelschalen, in die sich kleine Krabben schutzsuchend verkriechen, bis hin zu den polizeilichen und militärischen Armeen oder sozialen Versicherungssystemen in modernen Zivilisationen, wobei gewiss nicht alle Hüte gleichermaßen geeignet sind, doch soll uns das hier nicht beschäftigen.

Hier geht es um einen anderen Aspekt. Den Schutzmaßnahmen kommt eine *Sekundärrolle*, die Rolle der Zweitrangigkeit zu. Ein Hut im erwähnten Sinne ist dazu da, um primär dasjenige, was unter ihm geschieht, ungestört geschehen zu lassen. Der Ameisenhaufen ist dazu da, dass sich die junge Brut darin unbehelligt entwickeln kann. Die Häuser der Menschen sind dazu da, dass in ihnen nicht nur leibliche Nachkommen friedlich heranwachsen, sondern auch geistige Güter ihre Fortsetzung und kulturelle Pflege finden. Wird im Unterschied dazu die Behütung zur Erstrangigkeit, ja, zum Selbstzweck erhoben, verkehrt sie sich schlagartig zur Gefahr – ein Hut, unter dem nichts mehr geschieht, außer dass der Hut gehütet wird, entartet zur Farce.

Genau dies kann im menschlichen Leben in Bezug auf die Angst passieren. Denn auch die uns eingeborene Angst ist in ihrer Ursprünglichkeit ein unsichtbarer Hut. Sie malt uns kritische Situationen aus, damit wir rechtzeitig gegensteuern können. Sie schützt uns vor Übermut und Leichtsinn, die uns ruinieren würden. Sie behütet uns vor uns selbst. Bei jeder Entscheidung, die wir treffen, darf die Angst getrost ein Wörtchen mitreden. Denn nur, wer sich über die Tragweite seiner Entscheidungen im Klaren ist, wird vor massiven Fehlentscheidungen gefeit sein. Die Angst ist in ihrer Ursprünglichkeit eine lebensrettende Freundin und eine unserer besten Sicherheitsgarantien beim Abenteuerfeldzug ins Leben. Aber sie ist *Dienerin*. Sie ist Magd, und das muss sie bleiben. Sie ist wirklich nicht mehr als der Hut, unter dem das Abenteuer gestartet wird, zu dem uns das Leben ruft. Die Umkehrung klappt nicht. Wir sind nicht die Diener unserer Angst. Wenn wir das Abenteuer einstellen, ehe es begonnen hat, um bloß noch unserem eigenen Schutz zu leben, dann verlieren wir jeglichen Schutz: dann kommt die Angst wie ein Moloch und frisst uns auf.

Der junge Mann hat dies in seinem Text deutlich dargestellt. Seit Jahren vertieft er sich nicht mehr in eine Sache, gibt er sich nicht an eine Sache hin. Das Abenteuer »Leben« ist in seinen Plänen storniert worden. Unter dem Hut seiner Angst geschieht praktisch nichts mehr. Von allem, was sich um ihn herum abspielt, fühlt er sich abgelenkt. Freilich, weil sich drinnen, im geschützten Raum nichts abspielt, wird seine Aufmerksamkeit nach draußen gezogen. Aber was soll von außen kommen? Belastungen und Anforderungen kommen von außen, und innen ist nichts, dem standzuhalten. Das Vakuum in seinem Schutzraum hat diesen zum Gefängnis umfunktioniert.

»In meiner Seele bin ich so verwüstet ...«, welch eine ergreifende Formulierung! Ein Vakuum, eine Wüste, die von einem Bollwerk geschützt werden – wozu? Ein Bollwerk für nichts? Das Sekundäre, zum Primären erklärt, entbehrt jeglichen Sinns.

Was müsste man folglich dem jungen Mann empfehlen? Etwa dies: »Kümmern Sie sich nicht um Ihre inneren Zustände wie Frieden oder Wohlbefinden! Versuchen Sie nicht, Ihr Innenleben zu schützen! Kehren Sie zur Sache zurück, dem kostbaren Gut, in das Sie sich einst vertieft, an das Sie sich einst hingegeben haben! Lassen Sie sich aufs Neue von einer Sache faszinieren, arbeiten Sie an einer Sache, engagieren Sie sich für eine Sache, investieren Sie Herz und Verstand in eine Sache, die es wert ist, dass sich jemand ihrer annimmt. Die Sache wird es Ihnen danken. Indem Sie sie beackern, wird die Wüste Ihrer Seele wieder fruchtbar werden, und indem Sie sich um sie mühen, werden Ruhe und Konzentration zurückkehren. Denken Sie nicht an irgendeinen Schutz für sich selbst, ziehen Sie lieber eine beschützenswürdige Sache auf, und es werden sich genügend Kräfte einstellen, um über ihr zu wachen!«

Vielleicht würde uns der junge Mann fragen, wieso wir ihm solches voraussagen können. Wir können es in der Tat, weil es zu der dem Menschen gemäßen Existenzweise gehört, Seiendes zu gestalten. Das Eintreten für eine sinnvolle Sache hat ausgesprochenen Primärcharakter in unserem Leben, und sobald wir ihm diesen ersten Platz zugestehen, der ihm gebührt, verweisen wir automatisch alle Zaghaftigkeit und Furchtsamkeit, alles Schutzsuchen und Bollwerkbauen auf den zweiten Platz, wo es dienlich, aber nicht schädigend ist. Das gilt für den Einzelnen wie für ganze Völker. Erinnern wir uns nur an den Putschversuch in Russland im August 1991. Als tausende Menschen für eine sinnvolle Sache eintraten, wich ihre Angst sogar vor heranrollenden Panzern in den Hintergrund, und als ihr Schutzbedürfnis sekundär wurde, erfüllte es wieder seine Aufgabe: die junge Demokratiebewegung wurde behütet und geschützt.

Der nächste Absatz des Patientenbriefes schließt an das Gesagte nahtlos an.

2. Absatz:

Niemand hilft mir dabei, alle gehen ihre eigenen Wege und lassen mich links liegen, das ist mein Gefühl. Andererseits weiß ich beim besten Willen nicht recht auf die Außenwelt zu reagieren und entsprechend zu handeln; ich suche immer erst Schutz, worauf ich angewiesen bin. Solche Erwartungen werden enttäuscht.

Dieser Absatz steht unter dem Thema »Erwartungen«. Welche Erwartungen? Erwartungen an sich selbst? Oh nein,

Erwartungen an die Mitmenschen. Nachdem der eigene Hut über dem inhaltsleeren Raum brüchig geworden ist, sollen die anderen einspringen. Dass sie dies nicht tun, wird ihnen angekreidet. Sie reagieren nicht wie erwartet, wie schlimm! Dass man selber nicht angemessen reagiert, scheint bei Weitem weniger schlimm zu sein, denn man hat ja den besten Willen. Man *kann* bloß nicht, trotz bestem Willen. Eine geordnete Philosophie: Die anderen können das Richtige tun, wollen es aber nicht, und man selbst will das Richtige tun, kann es aber nicht. Oder noch kürzer: Die anderen sind ekelhaft, und man selbst ist arm dran. Das vierblättrige Kleeblatt von Erwartung, Enttäuschung, Anklage und Selbstmitleid blüht vielerorts, bevorzugt in »seelischen Wüsten«, nur – Glück hat es noch keinem gebracht.

Verweilen wir beim Thema »Erwartungen«. Der berühmte Ausspruch: »An ihren Taten werdet ihr sie erkennen« lässt sich in der Psychologie variieren zum Satz: »An ihren Erwartungen werdet ihr sie erkennen«. Denn an der Art der Erwartungen, die ein Mensch hegt, ist der Grad seines Infantilismus bzw. seiner Reife und Mündigkeit direkt ablesbar.

Je mehr Erwartungen ein Mensch an seine Mitwelt stellt, desto infantiler ist er noch. Er gleicht dann den soeben ausgebrüteten Vögelchen, die in der Dunkelheit des sie umfangenden Nestrandes hocken und ihre offenen Schnäbel hinausrecken in der Erwartung, dass Mutter und Vater Vogel saftige Würmer hineinstopfen werden. Je mehr ein Mensch hingegen Erwartungen an sich selbst, und zwar konkrete und realisierbare Erwartungen an seine eigenen Vorhaben stellt, desto mündiger ist er geworden. Dann gleicht er den frei fliegenden Vögeln in der Luft, die weit über die Lande streifen, munter vor sich hin zwitschern und sich bei Bedarf ihre Würmer selber holen.

Wie alles zum Extrem ausarten kann, so können die Erwartungen an sich selbst natürlich auch überzogen werden, zum Beispiel von Menschen, die sich verkrampft und verspannt

Perfektion und Superleistung abverlangen. In diesen Fällen wird die vorhandene Reife wieder beeinträchtigt durch zwanghafte Strukturen; ein Vogel, der nur noch nach Würmern wühlen würde, würde sich dem lichten Firmament über ihm, seinem eigentlichen Milieu, entfremden. Demnach soll dasjenige, was ein Mensch von sich selbst erwartet, synchron sein mit demjenigen, was das Leben von ihm erwartet, nicht mehr und nicht weniger; es soll synchron sein mit dem, was von ihm erwartet wird als »Gegenleistung« für das grandiose Geschenk, lebendig zu sein.

In welche Richtung müssten wir also unseren jungen Mann lenken, hätten wir die Gelegenheit dazu? Dahin, sich zu fragen, was er von sich selbst erwarten soll und darf. »Niemand hilft mir, alle gehen ihre eigenen Wege ...«, hat er geschrieben. »Erwarten Sie von sich, dass Sie anderen helfen, z. B. indem Sie sie ihre Wege gehen lassen!«, würden wir darauf erwidern. »Ich weiß nicht recht auf die Außenwelt zu reagieren, ich suche immer erst Schutz ...«, fuhr er fort. »Erwarten Sie von sich, so gut wie eben möglich auf die Außenwelt zu reagieren, und zwar ungeschützt! Je öfter Sie Ihre Angewiesenheit auf Schutz überwinden, desto seltener werden Sie von sich selbst enttäuscht sein.«

Das vierblättrige Kleeblatt von Erwartung – nämlich Erwartung an andere –, Enttäuschung – nämlich Enttäuschung über andere –, Anklage – nämlich Anklage gegen andere – und schließlich Selbstmitleid ist, wie bereits angedeutet, ein verbreitetes Unkraut unserer Zeit. Es ist das Kraut, aus dem sich der Infantilismus zusammenbraut, weil alle vier Vorgänge bequem vom Nest aus getätigt werden können. Man kann leicht mit offenem Schnabel im Nest sitzen und auf die herangeschafft-zu-werdenden Würmer warten, entrüstet sein, wenn sie spärlich eintrudeln, lauthals protestieren, wenn sie ausbleiben, und sich in seiner Opferrolle buchstäblich einnisten, wie es nicht nur der junge Mann, sondern viele Menschen heute tun. Aber es ist nicht die uns gemäße Existenzweise, und deshalb türmt sich dieses Nest für Erwachsene alsbald zum Käfig auf. Dagegen hilft nur ein Heilkraut: nach den Erwartungen an sich selber fragen. Wer erfüllen will, was das Leben von ihm erwartet, muss den Schnabel schließen, seine Flügel ausbreiten und vom Nestrand abheben, um draußen in der Welt zu entdecken, was für ihn wesentlich ist: seine Identität.

Das ist das Stichwort für den 3. Absatz des Patientenbriefes.

3. Absatz:

Meine eigene Identität kenne ich nicht; was kann ich so mit anderen Menschen anfangen? Es gibt wirklich niemanden, dem ich erzählen kann, wie mir seit Jahren zumute ist, und der einfach nur zuhört. Ich weiß nicht, wie man von anderen angenommen wird, Beziehungen knüpft und etwas darauf aufbaut. Diese Dinge kann ich mir schlecht oder gar nicht vorstellen.

Es ist der Absatz, der vom Thema »Beziehungen« handelt. Von Beziehungen, die nicht vorhanden sind, ja, nicht einmal vorgestellt werden können. Die genauso fehlen wie die eigene Identität, was nicht zu verwundern ist. Denn beides, Beziehungen und Identität, entfalten sich nur in der aktiven Auseinandersetzung mit der Außenwelt. Speziell zu den Beziehungen ist ferner Folgendes zu sagen: Sie haben hauptsächlich mit der *Wahrheit* zu tun und weniger mit dem *Warum der Wahrheit*. Ein Beispiel soll dies erläutern.

Ein Mann heiratet eine Frau, die zwei kleine Kinder in die Ehe mitbringt. Er gewinnt recht guten Kontakt zu den Kindern und ist auf dem besten Weg, ein passabler Stiefvater zu werden. Doch stets dann, wenn er in die Erziehung eingreift, indem er etwa die Kinder ermahnt oder ihnen einen bestimmten Auftrag erteilt, hat seine Frau Einwände. Einmal ist er zu streng, einmal kommt der Auftrag an die Kinder ihrer Meinung nach zum falschen Zeitpunkt ... Jedenfalls macht sie kein Hehl daraus, dass sie für seine pädagogischen Initiativen wenig übrig hat. Da ihr die Kinder vertrauter sind als ihm, ist durchaus denkbar, dass sie öfters sogar Recht hat, doch auf Grund von Kritik allein wird selten jemand klug, und auch der Mann im Beispiel wird dadurch nicht erziehungsgeschickter.

Nun geschieht etwas Folgenschweres: er zieht sich zurück. Er reduziert gemeinsame Vorhaben mit den Kindern, überlässt der Mutter das »Kommando« und mischt sich nicht mehr ein. Er entwickelt Freizeithobbys, die niemand in der Familie mit ihm teilt. Zwar ist er weiterhin präsent, und die Kommunikation zwischen den Familienmitgliedern verläuft auch sehr freundlich, doch genau besehen lebt er sein eigenes Leben. Die Zeit vergeht, die Kinder werden groß und ziehen aus.

Werfen wir jetzt einen Blick auf die *Wahrheit*. Was ist die Wahrheit über die Beziehung zwischen diesem Mann und seinen Stiefkindern? Die Wahrheit ist, dass fast keine Beziehung besteht, dass der Mann keine Söhne und Töchter und die jungen Menschen keinen Vater dazu gewonnen haben. Die Wahrheit ist, dass beide Seiten menschlich verwaist sind, zumindest was ihr gegenseitiges Verhältnis betrifft.

Und was ist mit dem *Warum der Wahrheit*? Noch schärfer: Wen interessiert das Warum der Wahrheit? Einen Psychotherapeuten vielleicht, falls sich ein Familienmitglied einmal einer psychotherapeutischen Behandlung unterziehen sollte. Wen sonst? Wofür ist das Warum relevant? Der Mann wird wahrscheinlich insistieren, dass es ein entscheidendes Warum gibt. Die wiederholten Einwände seiner Frau in der Anfangszeit ihrer Ehe hätten ihn entmutigt, sich vollherzig einzubringen, hätten ihn in den Rückzug gedrängt, ins Abseits der Familie, wo er seine Ruhe fand. Aber ist das ein ausreichendes Warum? Hat er am Ende Ruhe statt Beziehung gewählt? Hat er vorschnell kapituliert? Und gibt es nicht auch dafür ein Warum, womöglich zurückliegend in seiner Kindheit? Etwa an die Dominanz seiner eigenen Mutter gekoppelt?

Das *Warum der Wahrheit* ist ein Fass ohne Boden, gefüllt mit endlosen Spekulationen. Trotzdem steht daneben, auf dem festen Boden der Wirklichkeit die *Wahrheit* selbst, massiv, unverrückbar, nicht hinwegdeutbar und völlig unabhängig geworden von jeglichem Warum. Die Beziehung zwischen dem Mann und seinen erwachsenen Stiefkindern ist schwach, und damit Punkt. Das ist ein Faktum, das durch keine Interpretation aus der Welt geschafft werden kann.

Wie wäre es nun, wenn der Mann etwas aus seiner Lebensgeschichte lernen würde? Wenn er, statt sich ans bodenlose Warum der Wahrheit zu halten, im kläglichen Versuch, sein missglücktes Vatersein zu rechtfertigen und seiner Frau den »schwarzen Peter« zuzuschieben, lernen würde, sich der *konstruktiven Veränderung der Wahrheit* zu widmen? Wie wäre es, wenn er damit begänne, einen zarten und unaufdringlichen Kontakt zu seinen Stiefkindern zu pflegen? Eine Ausflugsfahrt, bei der man sich auf halbem Wege trifft, ein Brieflein, das ausgetauscht wird, ein anerkennendes Wort, eine nette Geste bei Gelegenheit? Es müsste nicht viel von ihm kommen, keine materielle Verlockung, bloß ein liebevolles Signal dann und wann, und sogleich wäre dasjenige, was von ihm kommt, *wahr*, es wäre ein Zugewinn an Wahrheit – und die ganze Wahrheit, die da unverrückbar auf dem Boden der Wirklichkeit steht, wäre nicht mehr dieselbe wie vorher.

Dabei müsste er allerdings ein Stück Angst überspringen: die Angst vor Zurückweisung und Ablehnung, und müsste bereit sein, etwas Unangenehmes einzustecken, sollte ihm solches geboten werden. Er dürfte sich nicht mehr irritieren lassen, wie früher von seiner Frau, sondern müsste seinen erwachsenen Stiefkindern von sich aus die Hand reichen, ob diese angenommen oder ausgeschlagen wird. Woraus könnte ihm die Kraft dafür zufließen? – die alte Frage! Ganz einfach:

aus der Begeisterung für eine positiv veränderte Wahrheit. Begeisterung ist stärker als Angst. Sie ist eines der klassischen Attribute exzellenter Sinnorientierung; wo sie sich entzündet, schrumpfen Irritationen auf ein Minimum. Die Begeisterung fegt sie hinweg. Wahrheitssuche, Wahrheitsliebe und das Erringen einer im Positiven veränderten Wahrheit haben den Menschen von jeher gepackt. *Baruch Spinozas* Erkenntnis: »Veritas norma sui et falsi est[8]« (»Die Wahrheit ist die Norm ihrer selbst und des Falschen«) gilt heute wie damals, die Wahrheit ist die letzte Bemessungsgrundlage allen Seins.

Wenden wir uns jetzt wieder unserem Briefschreiber zu. Wie sieht die Wahrheit um ihn aus? Er ist einsam, isoliert. Das ist die Wahrheit. Und das Warum der Wahrheit? Er möchte erzählen, wie ihm seit Jahren zumute ist, aber wer will schon Gejammer hören? Er klagt, dass ihm keiner zuhört. Klagen ist das ungeeignetste Mittel, Bekanntschaften zu schließen. Das Warum der Wahrheit liegt offen zu Tage, doch was nützt ihm das? Wichtig wäre es, die Wahrheit zu verändern. Könnte sich der junge Mann dafür begeistern? Auch bei ihm bräuchte es nicht viel mehr als ausgestreckte Hände, ein Zugehen auf andere, ein selber Zuhören, wenn andere sprechen, ein Sichinteressieren für die Belange der anderen, ein Mitmachen, wenn andere etwas vorschlagen ... ein inneres Jasagen zu seinen Kontaktpersonen, wie sie auch sein mögen. Die Wahrheit könnte eine viel sonnigere und schönere sein. Wäre das kein Motiv, sich für sie einzusetzen, über die Vorgeschichte ihres Warums hinweg?

Ich glaube, dass der junge Mann noch begeisterungsfähig ist. Nur, sobald es um das innere Jasagen zu den Mitmenschen geht, wird er einen großen Sprung über seinen Schatten tun müssen. Denn er traut ihnen nicht. Im 4. Absatz hat er davon berichtet.

4. Absatz:

Jetzt bin ich 32 Jahre alt und noch nicht einmal zu einem geregelten Arbeits- und Erwerbsleben in der Lage: ich traue mich nicht weit genug hinaus! Dann schäme ich mich unter den anderen Menschen und muss denken, sie halten mich für schwierig, sie tuscheln über mich, ziehen sich zurück und freuen sich an meinem Verderben. So erhalte ich keine Anregungen mehr von außen, die ich dringend brauche. Ich leide darunter, dass ich mich von den anderen verachtet fühle. Damit werde ich seit Jahren nicht fertig. Ich bin mir selbst im Weg!

Hier schneidet er das Thema »Zutrauen« an: Was ein Mensch wem zutraut.

Was traut der junge Mann sich zu? Jedenfalls nichts Gutes; keine Selbstständigkeit, keine geregelte Arbeit. Was traut er anderen zu? Auch nichts Gutes; sogar Freude an seinem Verderben, also Spott, Hohn, Sarkasmus, Ächtung. Das ist ein düsterer Schatten in seinem Inneren, Spiegelbild eines tiefsitzenden Verlustes an Urvertrauen. Wer jedermann nur Schlechtes zutraut, speist sich selbst mit schlechten Gedanken. Er wird, was er denkt: er wird schlecht. Eine traurige Spirale!

Schauen wir uns dazu ein Experiment an, das zur Zeit des kalten Krieges zwischen den Supermächten mit amerikanischen Kindern durchgeführt worden ist. Die Kinder bekamen Fotos von Straßen gezeigt, an deren Rändern Bäume eingepflanzt wurden. Die Hälfte der Kinder erhielt außerdem die Information, dass es sich um Straßen im kommunistischen Ostblock handelte. Den übrigen Kindern wurde mitgeteilt, es wären Straßen in ihrer eigenen Nachbarschaft. Dann sollten die Kinder erraten, wozu die Bäume eingepflanzt würden.

Prompt antworteten jene Kinder, die von Straßen im Ostblock ausgingen, dass die Bäume vermutlich verbergen sollten, was in den Häusern entlang den Straßen Unheimliches geschah. Manche meinten auch, das Bäumepflanzen sei eine

Strafarbeit für Gefangene. Unvergleichlich vorurteilsloser reagierten die Kinder, die von Straßen in ihrer Heimat ausgingen. Die Bäume dienten der Luftverbesserung, verkündeten die Naseweise unter ihnen; und alle waren sich einig, dass Straßen mit Bäumen hübscher aussähen als ohne.

Das Experiment beweist, dass die Frage des Zutrauens eine gravierende ist. Nur ein Volk, das dem Feind Böses zutraut, marschiert in den Krieg – und das Jemandem-Böses-Zutrauen ist vorprogrammierbar! Bleibt zu hoffen, dass die neue Weltordnung unseres mit Turbulenzen eingeleiteten 21. Jahrhunderts das Einander-Gutes-Zutrauen unter den Menschen fördern wird. Nichts würde den Frieden nachhaltiger sichern als dies.

Analog ist zu hoffen, dass unser Briefschreiber aufhört, sich selber Unfähigkeit und seinen Kontaktpersonen Böswilligkeit zu unterstellen und sich ungeniert auf seinen Weg macht. Da es keine Auferstehung ohne vorherigen Abstieg in das »Reich des Todes« gibt, wird er anfangs durch eine schwierige Zeit hindurch müssen. »Sollen sie über mich denken, was sie wollen«, könnte sein (paradoxes) Motto sein, »sollen sie ruhig über mich tuscheln und kichern. Ich nehme es ihnen nicht übel. Ich betrachte sie und mich als ebenbürtige Partner, und dem entsprechend werde ich mich verhalten. Das Verhalten der anderen soll nicht meine Sorge sein!«

Würde er sich konsequent an dieses Motto halten, könnte er die Gitterstäbe seines Käfigs sprengen. Vielleicht zum allerersten Male wäre sein Handlungsziel nicht mehr die tunlichste Vermeidung dessen, was er am meisten fürchtet; wäre der Motor, der ihn in Gang setzt, nicht das Erlebnis des Bedrohtseins allein. Nein, das Ziel seines Weges würde durch etwas Sinnvolles bestimmt, das ihm vorschwebt. Wo ein solches sichtbar geworden ist, steht das Selbst sich nicht mehr im Wege ...

Dies leitet zum letzten Absatz des Briefes über, dem Schrei nach der Lösung.

5. Absatz:

Wie kann ich aus diesem verengten Horizont hinaus in mehr Weite gelangen und wieder Halt gewinnen, auf dass ich mir mehr zutraue und weniger von der Angst vor mir selbst gequält werde?

Die Lösung ist eindeutig. Durch die Wiederaufnahme einer dem Menschen gemäßen Existenzweise könnte es dem jungen Mann gelingen, und nur durch sie. In der Hingabe an eine sinnvolle Sache würde sich sein Horizont weiten. Indem er vernünftige Erwartungen an sich selber stellt, würde er Halt an seinen Vorhaben gewinnen. Im persönlichen Einsatz für eine positive Wahrheit würde er seine Beziehung zu den Mitmenschen festigen. Und indem er sich und anderen Gutes zutraut, würde er gut *werden*, würde er zu einer Identität gelangen, deren er sich nicht zu schämen braucht. Selbstauslieferung, Faszination, Engagement und Begeisterung bilden die Sesam-öffne-dich-Formel, die das Bollwerk über dem Nichts zum Einsturz brächte. Stärker als die Angst ist ein sinnorientiertes Leben.

Deswegen läuft das ganze Problem der Angstbewältigung auf einen Motivationswechsel hinaus. Nicht was wir fürchten, soll uns in Bewegung setzen, sondern was wir lieben. Nicht Drohendes soll uns anschieben, sondern Vorschwebendes soll uns locken. Ein zu realisierender Sinn, der uns anspricht, der für sich selbst spricht, der aufleuchtet und einleuchtet, *er* ist der passende Motor, der menschliches Dasein über die Klippen und Hürden eines schwankenden Urvertrauens hinweg der Vollendung zuführt. Oder, um noch ein Gleichnis zur Veranschaulichung heranzuziehen: Wie eine giftige Flüssigkeit am einfachsten in eine leere Flasche fließen kann, während sie kaum in eine volle Flasche einzugießen ist, so breiten sich auch Ängste am ehesten in einem inhaltsleeren Leben aus. Ein Leben, bis an den Rand gefüllt mit Sinn und Werten, erweist sich ihnen gegenüber als immun.

Zusammenfassung

1. Die Idee der völligen Zerstörbarkeit des Selbst fördert neurotische Vermeidungs- und Rückversicherungstendenzen, die erst recht ins Unglück hineintreiben.
2. Das humorvolle gedankliche Durchspielen einer übermäßig gefürchteten Situation inklusive der paradoxen Bereitschaft, sich mutig an sie auszuliefern, fördert die innere Souveränität und Gelassenheit.
3. Die Angst ist kein empfehlenswerter Motor des Lebens. Sie verleitet zu einengender Egozentrizität.
4. Im Gegensatz dazu ist die Liebe ein optimaler Motor des Lebens. Sie weitet den Horizont und lädt zum Abenteuer der Selbstüberschreitung ein.

Problem 3: Zwang und Sucht

Zauberwort »Leidensfähigkeit«

Mit seelenärztlicher Hellsichtigkeit hat *Viktor E. Frankl* schon sehr früh erkannt, dass es bei neurotischen Patienten darauf ankommt, neben ihrer Arbeits- und ihrer Liebesfähigkeit als Drittes ihre *Leidensfähigkeit* (»Frustrationstoleranz«) zu stärken. Der Grund dafür ist nicht nur in der banalen Tatsache zu sehen, dass jedes normale Menschenleben von Phasen des Leides überschattet wird und es daher der Fähigkeit bedarf, diese zu ertragen. Die Leidensfähigkeit ist beim neurotischen Patienten insbesondere dafür vonnöten, dass er sich inneren Druck- und Zwangsimpulsen nicht kampflos unterwirft, nicht hilflos an sie verfällt.

Nun ließe sich argumentieren, dass es Vorrang habe, jene Druck- und Zwangsimpulse, die ihn quälen, zu mildern (etwa psychoanalytisch durch Aufdeckung ihrer Vorgeschichte), und dass es Nachrang habe, des Patienten Protest gegen sie zu fördern (etwa logotherapeutisch durch Mobilisierung seiner geistigen Trotzkräfte). Doch sind Druck- und Zwangsimpulse in der Praxis außerordentlich beharrlich und zäh, was den Verdacht einer letztlich physiologischen Mitverursachung näher rückt, als wir es gerne hören. Unter anderem spricht auch eine gewisse Erblichkeit – nicht von neurotischen Erkrankungen, aber von Dispositionen in Richtung eines erhöhten inneren Drucks – dafür.

Nehmen wir als Beispiel die Esssucht. Es gibt Menschen, die beim Anblick von leckeren Brötchen und Torten in Bäckereien oder beim Gedanken an ihren gut gefüllten Kühlschrank in der Küche unter erhöhten inneren Druck geraten. Sie verspüren den fast unwiderstehlichen Drang, sich Essen einzuverleiben.

Andere Menschen bleiben im Unterschied dazu, wenn sie nicht gerade hungrig sind, von derlei Verlockungen unberührt.

Unter denjenigen, die vom inneren Druck geplagt werden, gibt es einen kleinen Prozentsatz an Personen, die *den Druck aushalten*. Das heißt, sie widerstehen außerhalb der Mahlzeiten ihrem Essdrang und halten mithin ihr Körpergewicht unter Kontrolle. Das ändert nichts daran, dass sie *dennoch* für Esssucht und Übergewicht disponiert sind, allein, ihre Leidensfähigkeit ist stark genug, kurzfristige Verzichte (auf Naschereien) um langfristiger Gewinne (an Gesundheit) willen zu leisten. Der weitaus größere Prozentsatz derjenigen jedoch, die angesichts kulinarischer Genüsse unter inneren Druck geraten, geben diesem Druck nach. Das Nachgeben erbringt ihnen einen kurzfristigen Gewinn (an Lust beim Naschen) bei langfristigem Schaden (an leiblicher und seelischer Fitness) (vgl. Abb. 1).

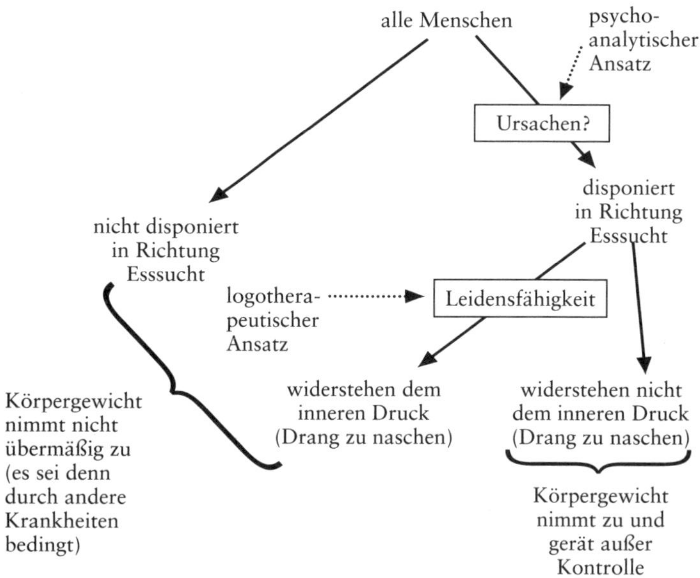

Abb. 1: Der psychoanalytische und der logotherapeutische Ansatz bei Essstörungen im Vergleich.

Ein ähnlicher Mechanismus ist bei den Zwangsstörungen wirksam. Wie beim Esssüchtigen der Gedanke an Lebensmittel den Drang zu essen hervorruft, ruft beim Zwangskranken der Zwangsgedanke den Drang zur Zwangshandlung hervor. Gibt er nach, geht es ihm im Augenblick besser, doch gerät – nicht sein Körpergewicht, sondern – sein Leben allmählich außer Kontrolle; oft so sehr, dass er zu den alltäglichsten Arbeiten außerstande ist. Gibt er nicht nach und steht er den Druck des Zwangsgedankens konsequenzlos durch, kann er seine Krankheit (trotz zwanghafter Disposition) besiegen.

Wir verstehen: Die Stärkung der Leidensfähigkeit hat beim neurotischen Patienten über einen allgemeinen Reifezuwachs hinaus die Funktion eines »Rettungsseiles«, nämlich dort, wo er ansonsten, von inneren Impulsen getrieben, in seelische Krankheit abstürzen würde (vgl. Abb. 2).

Im Folgenden sollen die beiden weichenstellenden Elemente aus Abb. 2 diskutiert werden. Es sind die möglichen Ursachen der Zwangsgedanken, weichenstellend für das Zustandekommen der neurotischen Disposition, und die Stärkung der Leidensfähigkeit, weichenstellend für die Überwindung der neurotischen Disposition bzw. einer bereits manifest gewordenen Zwangskrankheit.

Mögliche Ursachen von Zwangsgedanken:

Obwohl das therapeutische Konzept *Viktor E. Frankls* nicht darauf angelegt ist, die Herkunft zwanghafter Dispositionen retrospektiv aufzurollen bzw. einem Kranken zu deuten, enthält es dennoch Erwägungen zur Ursachenforschung. Denn es sind beim Zwangsphänomen neben der physiologischen Komponente, an der kaum zu zweifeln ist, und der psychischen »Ich-Schwäche« (Ängstlichkeit, Unsicherheit, Unselbstständigkeit, mangelnde Authentizität), die bei sämtlichen

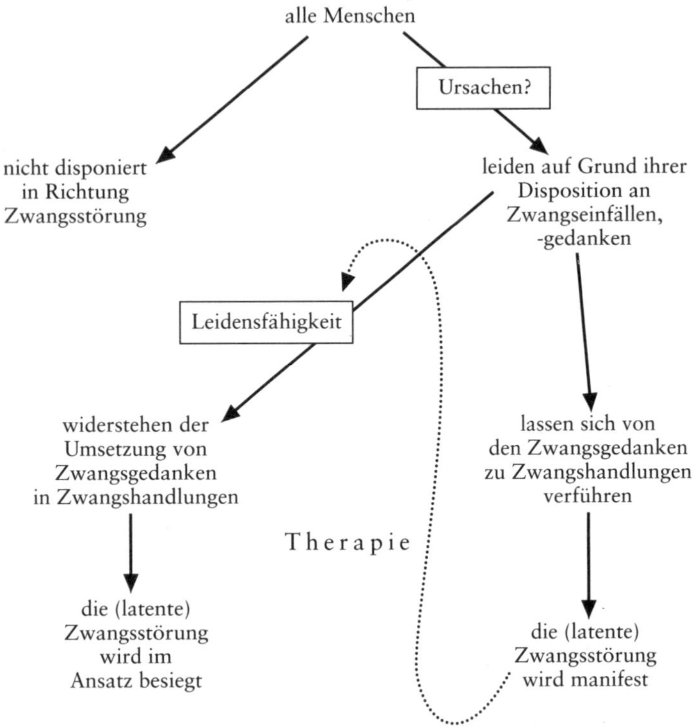

Abb. 2: Die Bedeutung der Leidensfähigkeit im Gesundungsprozess von Zwangsstörungen.

neurotischen Entgleisungen mitbeteiligt ist, auch geistige Fehlhaltungen von entscheidender Bedeutung. Das geringe Urvertrauen zentriert sich hier um eine extreme *Angst vor Schuld* und in ihrem Gefolge *vor* (irdischer oder überirdischer) *Strafe*. Dies nährt wiederum einen extremen Perfektionismus in dem krampfhaften Wunsch, ja keinen Fehler (oder keinen bestimmten Fehler) zu machen, weil andernfalls in geradezu abergläubischer Logik entsetzliche Mächte in sich und um sich herum entfesselt würden. Ein Beispiel dafür ist die seltsame, aber keineswegs seltene Zwangsidee, an jedem Tag, an dem man »sündige«, werde in irgendeinem Land ein großes Unheil geschehen, das fortan auf das eigene »Schuldkonto« zu buchen sei.

Auf der Basis solch überzogener Angst vor Schuld und Strafe können sich diverse Formen von Zwangsideen festkrallen, etwa Vorstellungen, man habe unwissentlich und unwillentlich eine fürchterliche Tat begangen oder sei im Begriffe, sie zu begehen. Die Angst vor sich selbst und dem, was durch einen selbst an Bösem in die Welt gelangen könnte, ist Inhalt der zwangsneurotischen Qual. Das – vielleicht in einem Anfall von Wahnsinn oder Verlust an Selbstbeherrschung? – produzierte Böse soll nun aus Sicht des Patienten »um Himmels willen« verhindert werden, was mittels Zwangshandlung versucht wird. Meistens kommt es zu einem ganz und gar absurden Versuch, dessen Groteske aber nicht zum Abbruch des Versuchs, sondern zu dessen Fixierung führt.

Einer meiner Patienten saß mir beim Erstgespräch völlig angespannt gegenüber und hielt seine Hände fest zwischen seinen Knien eingeklemmt. Zunächst ignorierte ich dies, doch als er mich bat, ich möge für einige Minuten das Besprechungszimmer verlassen, weil er sich eine Notiz machen wolle, fragte ich ihn, welche Schwierigkeiten er habe, es in meiner Gegenwart zu tun. Der Patient war um die Antwort verlegen. Da ich mittlerweile seine zwanghafte Charakterneigung erkannt hatte, fiel es mir nicht schwer, zu raten: »Nicht wahr, Sie haben Angst, Sie könnten mich mit Ihren Händen verletzen?« Er erblasste. »Sieht man mir die Mordgedanken bereits an?«, rief er erschrocken aus, doch ich beruhigte ihn. »Sie sind kein Mörder und werden auch keiner«, versicherte ich ihm und zog behutsam seine Hände zwischen seinen Knien hervor. »Sie leiden nur an einer unnötigen Angst davor.«

Das öffnete Schleusen seines heimlichen Kummers. »Ständig habe ich die Fantasie, ich könnte eine Frau erwürgen«, stieß er in Panik hervor und presste erneut seine Hände zwischen seine Knie, »deswegen packe ich meine Hände weg, wann immer ich mit einer Frau beisammen bin. Aber es hilft nichts. Die Fantasie überfällt mich wieder und wieder. Wenn ich eine Frau auf einer Parkbank sitzen sehe, die sich mit geschlossenen Augen sonnt, dann denke ich: Jetzt ist es passiert! Ich hab's getan! Dann muss ich warten und hinter einem Baum versteckt beobachten, ob sie aufwacht, ob sie aufsteht ..., und die ganze Zeit über halte ich meine Hände eisern fest und denke: Sind es Mörderhände? Auch wenn ich es eilig habe, muss ich warten, muss mir Gewissheit verschaffen, dass die Frau noch lebt; und dabei rast mein Herz, und der Schweiß rinnt mir über die Stirn. Wenn sie endlich die Bank verlässt, bin ich total erledigt, klitschnass geschwitzt, in meinen Händen ist kein Tropfen Blut mehr, meine Seele ist wie betäubt vor Erschöpfung, und mein Stundenplan ist geplatzt ..., dann taumle ich nach Hause und hoffe nur noch, dass keine Frau nahe an mir vorübergeht, nahe genug, dass der Alptraum von vorne beginnt ...« Mit diesen Worten gelang dem Patienten eine sehr anschauliche Beschreibung seiner Folterkammer »Zwangsstörung«.

Die Beschreibung lehrt uns, dass bei der Zwangskrankheit, parallel zu den irrationalen Schuldbefürchtungen, wie sie im obigen Bericht deutlich geworden sind, ein rationales Streben nach Unschuldsgewissheit eine nicht minder verheerende Rolle spielt. Die eingeklemmten Hände meines Patienten waren Ausdruck seiner Angst vor dem Schuldig-werden-Können; das hinter einem Baum Wartenmüssen jedoch drückte sein Bedürfnis aus, sich davon zu überzeugen, dass er *noch nicht schuldig geworden war*. Wusste er es nicht? Er wusste es (Angst- und Zwangskranke sind bei klarem Verstand), und trotzdem war er sich seiner selbst und seines eigenen Wissens nicht hundertprozentig sicher! Könnte ihn nicht ein Wunschbild narren? Könnte ihm nicht eine Illusion bloß vorgaukeln, kein Verbrecher zu sein? Könnte er nicht einer Amnesie zum Opfer gefallen sein? Nein, er musste warten und Gewissheit bekommen, um erleichtert nach Hause gehen zu können. Aber was ist Gewissheit? Selbst wenn sich die Frau auf der Parkbank bewegt, könnte alles, was ihm seine Sinne melden, Trug und Täuschung sein, so, wie er selbst mit den zwischen die Knie gepressten Händen in einem rauschhaften Moment der Enthemmung morden könnte. Nichts unter unserem beschränkten Begreifenshorizont ist wirklich sicher, nichts im Leben absolut absicherbar – hierin wurzelt das Kardinalproblem der zwanghaften Verzweiflung, wie *Viktor E. Frankl* dargelegt hat[9]:

Denn wer an einem Übersinn (»Gott«), am Sinn überhaupt zweifelt und darum verzweifelt – auch er vergötzt etwas: er vergötzt nämlich die ratio als die alleinige Möglichkeit einer Sinnfindung und Sinndeutung. An dieser Vergötzung des Rationalen scheitert er, scheitert der faustische Mensch ganz genauso wie dessen Karikatur, als welche wir den Zwangsneurotiker hingestellt haben: der zwangsneurotische Grübler und Zweifler etwa, der auf rationalem Wege nach hundertprozentiger Sekurität strebt, im Erkennen und Entscheiden, somit in kognitiver wie in dezisiver Hinsicht. Statt im Selbstvertrauen zur tiefen Weisheit des Herzens, dem »unbewussten«, d. h. dem unreflektierten und nicht intellektualisierten Geist, statt im Vertrauen zu solcher Emotionalität in einem weiteren und tieferen Sinne sich der Vorläufigkeit und Beiläufigkeit des Lebens anheimzugeben, will er sich auf Rationalität verlassen.

Die Stärkung der Leidensfähigkeit:

Worin besteht also das Leid, das es zu tragen gilt, will man der Folterkammer »Zwangsstörung« entrinnen? Offenbar ist es ein doppeltes und ein urmenschliches Leid: zum einen die Last, ein prinzipiell schuldfähiges Wesen zu sein, und zum anderen die Pflicht, das Leben in prinzipieller Ungewissheit führen zu müssen. Zwar kann das moderne Schlagwort von der »Schadensbegrenzung« auf dieses Doppelleid angewandt werden, indem man sich um »Schuldbegrenzung« (= Anständigkeit) und »Ungewissheitsbegrenzung« (= Informiertheit) bemüht, doch wird dies nie in einem Ausmaß gelingen, dass man sich von Last und Pflicht entbunden fühlen könnte. Jeder wird da oder dort schuldig, und vieles bleibt einfach ungewiss.

Eine Reduzierung der überzogenen Angst vor Schuld beim Zwangskranken, was gleichbedeutend ist mit seiner inneren Annahme der Tragelast der eigenen Schuldfähigkeit, wird nun logotherapeutisch – ähnlich wie beim Angstkranken – mit Hilfe der Methode der Paradoxen Intention angepeilt[10]:

Wir pflegen unseren Patienten jeweils zu verdeutlichen: für die sich ihnen aufdrängenden zwangsneurotischen Einfälle sind sie nicht verantwortlich; umso mehr aber dafür, wie sie sich ihnen gegenüber verhalten, d. h. ob sie diese Einfälle ausspinnen und grüblerisch weiterverfolgen, oder – etwa im Sinne unserer therapeutischen Vorschläge – sie objektivieren und mit Humor sich von ihnen distanzieren.

Die Umsetzung eines konkreten therapeutischen Vorschlages der genannten Art beschrieb *Viktor E. Frankl* in einem Fallbeispiel, das dem oben skizzierten nahe kam[11]:

Patientin: »Ich muss mit den krankhaften Einfällen gleichsam Katz und Maus spielen. Ich muss sie noch übertreiben – so sehr, dass ich endlich herzlich über sie lachen kann. In diesem Sinne muss ich mir geradezu vorsagen, dass ich – die Absicht habe, diesen oder jenen Menschen auf diesem oder jenem Wege zu schädigen! Dann werde ich nämlich wenigstens die Angst verlieren, ich könnte ihn schädigen.«

Ebenso konkret übte ich mit meinem Patienten die Methode der Paradoxen Intention ein. »Was haben Sie gegen das Erwürgen von Frauen?«, eröffnete ich die humorvolle Ironisierung des Fantasiegebildes, nachdem ich ihm vorher erklärt hatte, worum es ging. »Wenn Sie genügend Opfer erwischen, werden Sie noch eine Berühmtheit, eine ›Edgar-Wallace-Figur‹ wie der ›Würger von London‹ ...«

Ein erstes zögerndes Lächeln glitt über das Gesicht meines Gegenübers. Langsam beugte ich mich vor und holte seine Hände aus ihrem Versteck. Sein Lächeln erlosch schlagartig und die Angst kroch wieder in ihm hoch. »Jetzt halten Sie die Zwangsidee aus«, bat ich ihn, »und spielen Sie mit ihr, denn sie ist es nicht wert, ernst genommen zu werden. Scherzen Sie mit ihr, wie ich es Ihnen vormache.« Ich änderte den Tonfall als Signal für den Wechsel ins Paradoxe: »Los, los, an die Arbeit! Auch Erwürgen will gelernt werden. Am besten fangen Sie sofort bei mir an, dann haben Sie schon ein wenig Praxis, wenn die nächste Frau an die Reihe kommt!« Dabei hob ich seine Hände hoch und legte sie sanft um meinen Hals.

Ein Zittern durchlief seinen Körper und verebbte, er zog seine Hände zurück und legte sie ungezwungen auf den Tisch. »Na«, kommentierte ich seine Geste, »die Aussicht, dass aus Ihnen noch eine ›Edgar-Wallace-Figur‹ wird, scheint leider nicht sehr rosig zu sein ...« Da brach sein Lächeln wieder durch, diesmal nachhaltig und froh. »Ich tue es nicht«, murmelte er vor sich hin. »Nein«, antwortete ich, »Sie tun es nicht. Nicht einmal, wenn Sie spielerisch dazu aufgefordert werden, geschweige denn, wenn Sie es innerlich zutiefst verabscheuen, was in Wirklichkeit der Fall ist. Denn Sie sind ein ethisch feinfühliger Mensch, der niemandem weh tun will, und Ihre Hände gehorchen nicht der Zwangsidee, sondern Ihrem Willen. Aber«, fügte ich hinzu, »eines müssen Sie akzeptieren: ganz ohne Fehl und Tadel sind Sie auch nicht und brauchen Sie auch nicht zu sein. Ein paar Schattenseiten dürfen Sie sich schon leisten, selbst wenn Sie es bedauerlicherweise nicht zum berühmten Frauentöter bringen!« Unser weiteres Gespräch verlief in völlig entkrampfter Atmosphäre und ohne jegliche Beachtung seiner Hände, die nicht mehr in ihr »Kniegefängnis« zurückkehrten.

Neben der Reduzierung der überzogenen Angst vor Schuld (und Strafe) muss vom Zwangskranken noch eine zusätzliche Sprosse auf der Leiter seines Genesungsprozesses erklommen werden. Sein rationales Streben nach Unschuldsgewissheit und hundertprozentiger Sekurität muss ein Ende finden. *Viktor E. Frankl* betonte[12]:

Was hier Not tut, ist eine letztlich existenzielle Umstellung des Menschen, und sie hätte zu gipfeln in einem Bekenntnis zum »Fragmentcharakter des Lebens« (Simmel) bzw. in jenem »Mut zur Unvollkommenheit«, den einmal Sofie Lazarsfeld als therapeutische Forderung dem »Gottähnlichkeitsstreben« (Alfred Adler) des Neurotikers entgegengestellt hat.

Diesbezüglich klingt die Frage nach der Rückgewinnung des Urvertrauens an.

Also machte ich mich mit meinem Patienten auf den Weg in den nächstgelegenen Park, um eine Frau beim Sonnenbad zu entdecken. Da es ein kühler Tag war, fanden wir nur einen Obdachlosen, der eingemummt auf einer Parkbank schlief. Wir schlenderten an ihm vorbei. »Sind Sie hundertprozentig sicher, dass Sie nicht vielleicht zur Abwechslung einen Mann erwürgt haben?«, testete ich meinen Begleiter paradox intendierend. »Die Hälse von Mann und Frau sind ja nicht besonders verschieden; sie zuzudrücken macht denselben Spaß ...«

Mein Patient verhielt den Schritt und schaute irritiert zu dem Obdachlosen zurück. »Jetzt«, sagte ich zu ihm, »halten Sie die Ungewissheit aus! Weder Sie noch ich können hundertprozentig sicher sein, dass wir nicht soeben in einem Anfall von Wahnsinn den ganzen Park leergemordet und dies in geistiger Umnachtung vergessen haben. Mit dieser Ungewissheit werden wir jetzt vergnüglich spazieren gehen. Sie wird unsere Laune nicht verderben. Wenn es so ist, dass wir beide verrückt sind, dann wollen wir in unserer Verrücktheit wenigstens den schönen Tag genießen!«

Bei einem Kontrollgespräch nach vier Wochen berichtete der Patient, dass er seit unserem therapeutischen »Geplänkel« kein einziges Mal mehr hinter einem Parkbaum Posten bezogen hatte, »obwohl es Frühling geworden ist und viele junge Mädchen mit geschlossenen Augen auf den Wiesen liegen«, wie er hervorhob. »Ich glaube, der Frühling ist in Ihrem Leben angebrochen«, freute ich mich mit ihm und prognostizierte ihm: »Die Schuldfantasien werden wiederkommen, absurde Einfälle werden Ihnen nach wie vor zu schaffen machen, aber im frühlingshaften Licht Ihrer neu gewonnen inneren Distanz dazu und Ihres neu entwickelten Humors werden sie hinwegschmelzen wie der alte Schnee. Und das ist richtig so, denn *der Zwang ist ein Hirngespinst, sonst nichts*. Sie aber sind ein wertvolles Mitglied der menschlichen Gesellschaft, und das sollten Sie über Ihren echten kleinen Fehlern und Schwächen niemals vergessen!«

Die gestärkte Leidensfähigkeit meines Patienten befähigte ihn mit der Zeit, auch mehr zu lieben – nämlich sich selbst, an dem er ein Leben lang gezweifelt hatte, und mehr zu vertrauen – einem gütigen Gott.

Mich- und Dich-Wertschätzung

Die gefährliche Neigung zum kurzfristigen Gewinn bei langfristigem Schaden teilt der Zwangskranke mit dem Suchtkranken.

Manchmal wird behauptet, der Suchtkranke sei auf der Suche nach etwas, das er nicht gefunden habe; er werde von einer ungestillten Sehnsucht verzehrt. Doch verschleiert diese Behauptung eher den Sachverhalt. Denn die Suche und Sehnsucht des Süchtigen gilt nicht einem sinnvollen Projekt oder einem liebenswerten Subjekt, sondern der Qualität seiner Eigenbefindlichkeit, im Insiderjargon: seinem guten »feeling«. Wo Abhängigkeit vorliegt, ist sie stets eine Abhängigkeit von bestimmten Gefühlszuständen.

Gefühlszustände schwanken. Sie wechseln zwischen hoch und tief, angenehm und unangenehm. Wer sie ständig auf das Niveau »hoch« bzw. »angenehm« trimmen will, muss zu dem Zeitpunkt, da sie abzusacken beginnen, etwas unternehmen, um sie wieder künstlich aufzuputschen. Unter Einsatz eines Suchtmittels gelingt ihm dies recht rasch. Aber wie alles im Leben seinen Preis hat, so auch das Suchtmittel: es wirkt eben bloß kurzfristig. Langfristig erzeugt es erst recht eine Verschlechterung der Befindlichkeit beim Konsumenten. Dessen gutes »feeling« stürzt in die Hölle des Entzugs ab.

Selbst wenn das Suchtmittel kein stoffliches ist, sondern einen Tätigkeitsexzess betrifft (Fernsehsucht, Internet-Surfsucht, Arbeitssucht, Nervenkitzelsucht ...), verpufft die gewünschte betäubende bzw. anregende Wirkung schnell, und die Rückkehr in die Realität ist jedes Mal bitterer als zuvor. Das heißt, das Suchtmittel muss dann erneut eingesetzt werden, häufig sogar in wachsender Dosis, um das der Realität enthobene gute »feeling« wieder herbeizuzwingen. Was somit über die Schiene »Sucht« heiß gesucht wird, ist bloß ein vorüberhuschendes Gefühl, also eigentlich nichts – nichts Eigentliches. Dass dahinter eine existenzielle Sehnsucht stecken würde, ist eine Hypothese, die umso falscher ist, je ausgeprägter die Sucht fortschreitet.

Nichtsdestotrotz ist selbstverständlich auch der Süchtige in seinem Menschentum ein Wesen auf der Suche nach Sinn. Nur dass diese Sinnsuche nicht *hinter seiner Krankheit*, sondern *vor seiner Genesung* steht, und nicht Ausdruck findet im Suchtmittelkonsum, sondern viel mehr die Voraussetzung schafft zum Suchtmittelverzicht.

Machen wir hier eine Zäsur und werfen wir einen Blick auf eine überraschende Beobachtung aus den USA. Dort wurden in den 80er Jahren des vorigen Jahrhunderts über 400 Drogenpräventionsprogramme entworfen und an den Schulen zum Einsatz gebracht. Der Erfolg war gleich Null. Im Unterschied dazu verringerten zwei Programme, die an amerikanischen Schulen eingeführt wurden, jedoch nichts mit Drogenprävention zu tun hatten, die spätere Drogenanfälligkeit der Schüler und Schülerinnen erheblich. Es waren dies ein Programm zur Intensivierung von Selbstachtung und ein Programm zur Intensivierung von gegenseitiger Rücksichtnahme unter den Kindern[13]. Da diese beiden Programme einen derart suchtvorbeugenden Effekt hatten, wollen wir sie genauer betrachten.

Die Intensivierung von Selbstachtung:

Das Schulprogramm zur Intensivierung von Selbstachtung brachte den Kindern den grundsätzlichen Wert der Person nahe und erläuterte anhand von lustigen Übungen und Beispielen, wie wichtig es sei, dass »eine Person zu sich steht«. Die vermittelten Botschaften lagen etwa auf folgender Linie:

Eine Person spürt in sich selbst, welche Kleidung, Frisur etc. zu ihr passt, und muss sich nicht blindlings irgendwelchen Modediktaturen unterwerfen. Auch ist sie zu kostbar, um in schmutzigen oder zerrissenen Sachen herumzulaufen, nur um irgendwelche Autoritäten zu schockieren. Sie soll sich mit Geschmack und Freude ihr Habit aussuchen und dann dazu stehen.

Eine Person kann selbstständig entscheiden, welchen Gruppenaktivitäten sie sich anschließt und welchen nicht, welche Freunde sie wählt und zu wem sie Abstand hält. Der Verlust von Gruppenzugehörigkeit oder von Freunden ist kein krasses Übel, solange die Person mit sich selbst einig ist und zu ihren Entscheidungen stehen kann.

Bezüglich des Suchtvorbeugungseffektes des Programms ist zu vermuten, dass sich dieser Appell an die Selbstbestimmung und Selbstverantwortlichkeit des Menschen als mächtiger Schutzfaktor gegen Abhängigkeiten aller Art ausgewirkt hat. Oder umgekehrt formuliert: dass ein Schwinden der Selbstverantwortlichkeit aus dem Bewusstsein eines Menschen Süchten Tür und Tor öffnet.

Die Intensivierung von gegenseitiger Rücksichtnahme:

Das Schulprogramm zur Intensivierung von gegenseitiger Rücksichtnahme unter den Kindern war von seinem Aufbau her noch interessanter. Es führte nämlich Schulklassen ein, wie es sie in früheren Zeiten in weit verstreuten Marktflecken gegeben hat: Mini-Schulklassen mit Schülern gemischten Alters und verschiedener Schulstufe.

In solchen Klassen kann sich ein Lehrer nicht gleichzeitig um alle Kinder kümmern. Er kann sich unterrichtsmäßig immer nur einer Gruppe (derselben Schulstufe) widmen, während die übrigen Kinder (anderer Schulstufen) inzwischen kleine Aufgaben allein zu bearbeiten haben. Diese Konstellation verlangt den Kindern einen hohen Grad an gegenseitiger Rücksichtnahme ab. Die Älteren müssen den Jüngeren, die Gescheiteren den Dümmeren helfen, wenn der Lehrer gerade nicht verfügbar ist. Die Schüler einer Schulstufe dürfen die Schüler einer anderen Schulstufe nicht stören, kurzum, jedes Kind muss dazu beitragen, dass seine Mitschüler in Ruhe etwas lernen können.

Und siehe da, im Laufe des Programms entstand etwas, das in den westlichen Industrieländern seit dem Aussterben der Großfamilie Seltenheitswert hat: ein Bewusstsein von gegenseitiger Mitverantwortung unter den Kindern – Mitverantwortung für einander, für die Nachbarn, für das Ganze.

Wollte man das Ergebnis wiederum bezüglich des Suchtvorbeugungseffektes des Programms interpretieren, ließe sich daraus der Schluss ziehen, dass die Weckung von Mitdenken und Mitfühlen in der Gemeinschaft vor Abhängigkeiten schützt. Oder umgekehrt: dass ein Schwinden an Mitverantwortungsempfinden den Verfall des Menschen an Süchte erleichtert.

Dass gerade die zwei erwähnten Programme so eindrucksvolle Ergebnisse gezeigt haben, ist kein Wunder. Spiegelt sich doch in ihrer Zusammenschau ein komplexer Faktor wider, den man mit folgenden Sätzen umschreiben könnte:

Zu sich stehen, aber sich einbringen
Sich nicht nach anderen richten und trotzdem
für andere da sein
Ich bleiben und mit einem Du kooperieren
Uns beide wertschätzen: mich und dich

Klar, dass dieser komplexe Faktor vor Sucht bewahrt, denn was macht die Sucht? Sie schädigt beide: das Ich, das ihr verfällt, und alle Dus, die dem Ich angehören und ins Leid mitgerissen werden, weil das Ich mit ihnen nicht mehr kooperiert. Sucht ist daher immer *mehr* als Selbstzerstörung; und es bedarf immer *mehr* als der Regeneration von Selbstliebe und Selbstachtung, um aus ihr auszusteigen. Halten wir fest: Jener komplexe Faktor, der sich als hochpotent in Richtung Suchtprävention erwiesen hat, kennzeichnet gleichzeitig die Quintessenz aller Suchtauswege. Es geht um die Erneuerung der »Mich-Wertschätzung« und der »Dich-Wertschätzung« im Verbund.

Blenden wir jetzt zu unseren Eingangsüberlegungen zurück, zu der Tatsache, dass der Suchtkranke ein Einziges sucht und ersehnt, nämlich die Aufrechterhaltung seines guten »feelings«, eines einigermaßen angenehmen (= erträglichen) Gefühlszustandes. Wir wissen, exakt den müsste er zumindest vorübergehend opfern, um der Abhängigkeit vom Suchtmittel zu entrinnen. Es stellt sich die »Gretchen-Frage«: Woraus könnte ihm die Kraft zufließen, ein solches Opfer zu bringen? Aus der Mich-Wertschätzung?

Theoretisch wäre das Ich Wert genug, um dafür ein herbes Opfer in Kauf zu nehmen, aber praktisch funktioniert das nicht, weil das gute »feeling«, das geopfert werden soll, *scheinbar* auch dem Ich von Vorteil ist. Vertrackterweise müsste das Ich für das Ich auf etwas verzichten, was das Ich begehrt. Die Zwiespältigkeit der Situation sei am Beispiel des Rauchers aufgezeigt. Der Raucher, der seinem Ich Zigaretten zuführt, »gönnt« seinem Ich einen Genuss. Der Raucher, der seinem Ich Zigaretten vorenthält, »quält« hingegen sein Ich, weil er es zittrig und nervös werden lässt, obwohl er sofort Abhilfe schaffen könnte.

Auf Grund dieser vertrackten Situation setzt in der Praxis gewöhnlich nur eine Hälfte des zuvor eruierten komplexen Faktors die Kraft zum Opferbringen frei, und das ist die Dich-Wertschätzung (vgl. Abb. 3).

Die Erkenntnis, zu der wir gelangt sind, deckt sich mit der Phänomenologie allgemeiner Erfahrungen. Denn wer hat nicht schon erlebt, wie viel leichter es ist, für einen geliebten Menschen stark zu sein, als für sich allein? Dementsprechend haben z. B. Raucherinnen verhältnismäßig wenig Probleme, sich während einer Schwangerschaft das Rauchen abzugewöhnen – zur Schonung ihres zu erwartenden Kindes.

Kommen wir auf den Punkt: Der Süchtige muss lernen, auf die künstliche Erzeugung kurzfristig angenehmer Gefühle zu verzichten. Dazu muss er sich auf eine Ebene seines Mensch-

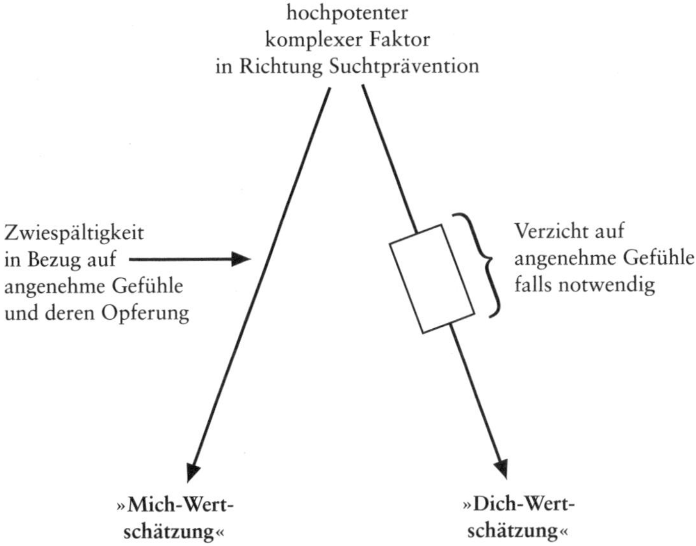

Abb. 3: Die stärkere Motivierungskraft der »Dich-Wertschätzung« gegenüber der »Mich-Wertschätzung«.

Seins emporschwingen, auf der er der Selbstwertschätzung und der Wertschätzung anderer Personen simultan fähig wird. Der Verzicht auf die künstliche Erzeugung kurzfristig angenehmer Gefühle ist allerdings attraktiver und von ihm einfacher leistbar im Rahmen der Wertschätzung anderer Personen als im Rahmen der Selbstwertschätzung. *Das* sind die Basiskonditionen, mit denen jede effiziente Suchtkrankenhilfe zu rechnen hat.

Während nun zahlreiche Therapieansätze vor allem die Selbstwertschätzung von Patienten zu stimulieren und zu maximieren trachten, bemüht sich die Logotherapie von jeher, ihre Patienten für die Welt und die Wertschätzung von »Gegenständen« (= Menschen, Tiere, Pflanzen, Dinge ... was uns »gegenüber steht«) in der Welt aufzuschließen. Die Umpolung einer »zuständlichen Orientierung« in eine »gegenständliche Orientierung« ist eines ihrer bedeutendsten Anliegen, das zufällig dem Süchtigen wie auf den Leib (auf die Seele?) geschneidert passt. Denn er hängt ja an seinen (Gefühls-)Zuständen, hängt von ihnen ab, statt sich gefühlsübergreifend an das ihm Gegenüberstehende, an das Gegenständliche in der Welt zu wenden und mitunter sogar zu verschwenden. Demnach empfiehlt sich dringend die Einbeziehung der *Frankl*schen Konzepte in der stationären Behandlung von Suchtkranken, was glücklicherweise auch zunehmend geschieht.

Ein Paradebeispiel dafür bildet das *Centro Italiano di Solidarietá* in Rom, ein Rehabilitationszentrum für Drogenabhängige und Drogengefährdete mit mehreren Außenstationen in anderen Städten Italiens. Sein Mitarbeiterstab hat die *Frankl*schen Konzepte für therapeutische Wohngemeinschaften modifiziert, und zwar auf eine Art, die direkt an das amerikanische Schulprogramm zur Intensivierung von gegenseitiger Rücksichtnahme unter den Kindern erinnert – nur dass die jungen Menschen, die da dem Drogenelend entrissen werden sollen, keine Kinder mehr sind. Sie werden in kleinen Gruppen und auf unterschiedlichen Rehabilitationsstufen zusammengefasst und von Betreuern angeleitet, einander zu stützen und miteinander verantwortlich umzugehen. Die Stabileren greifen den Labileren unter die Arme, die Mutigeren den Mutlosen, die Trostreicheren den Trostbedürftigeren. Je weiter einer in seiner seelischen Rekonvaleszenz fortgeschritten ist, desto mehr wächst er zum Betreuungsassistenten heran; fällt einer zurück, wird er von der Gruppe aufgefangen.

Die Sinnsuche, von der ich sagte, dass sie nicht *hinter* der Krankheit, sondern *vor* der Genesung stehe, wird in den therapeutischen Wohngemeinschaften dieses Zentrums täglich thematisiert: in gemeinsamen Gesprächen und persönlichen Taten. Das Reden darüber regt Bewusstseinsprozesse an und lässt nie gedachte Perspektiven aufleuchten. Das auf Sinnerfüllung angelegte Handeln revidiert alte, ins Unbewusste gesunkene Verhaltensrepertoires aus der früheren Beschaffungskriminalität. Die Gefühlsmanipulation, die geopfert wird für das Wohl der Gemeinschaft, verliert nach und nach an Gewicht, weil unmanipulierte positive Gefühle wie Freundschafts- und Zugehörigkeitsgefühle oder Gefühle des Beheimatet- und Willkommenseins erwachen. Und ist die Stimmung einmal schlecht, wird dies mit Bravour überstanden.

Cirka ein Jahr dauert die Therapie, die mit einer Wiedereingliederungsphase ausklingt, in der neben der erworbenen Mitverantwortung für die anderen Gruppenmitglieder die Selbstverantwortung der Person neu erstarkt. Gegen Ende der Rehabilitationszeit darf auch die Selbstwertschätzung zum Zuge kommen, weil die Zwiespältigkeit in Bezug auf angenehme Gefühle und deren eventuell notwendige Opferung überwunden ist. Jetzt geht es um die baldige Abnabelung von der Gruppe, um das Hinauswachsen aus der bergenden Gemeinschaft – dem Leben zu. Dem eigenen Leben, das auf jeden Einzelnen wartet mit einem Füllhorn an Aufgaben.

Natürlich gibt es im römischen Zentrum trotz überragender Erfolge auch Rückschläge. Die beste Therapie kann dem Menschen nur zugewinnen, was urgründlich seines ist. Und der Mensch ist nicht »von Natur aus gut«, wie manche Idealisten traumtänzerisch verkünden, sondern »von Natur aus frei«, gut oder böse zu sein. Aber was immer der vormals Drogenabhängige später wählen mag ..., das ein Jahr lang trainierte Bewusstsein seiner Verantwortung wird nie mehr ganz von ihm weichen und – so die Hoffnung – in entscheidenden Momenten seines Lebens für die rechte Wahl plädieren.

Die genannten Erfahrungen sprechen allesamt dafür, dass Suchtkranken am ehesten über die Einbindung in mitmenschliche Beziehungen geholfen werden kann. Wobei diese Einbindung kein passives Umsorgt- und Verstandenwerden meint, das den Suchtkranken zwar gefallen, aber nichts nützen würde, sondern ein aktives Sorgen und Begreifen ihrerseits meint: *Sorgen für die Nächsten* und *Begreifen der eigenen Pflicht.* Das hört sich hart an, doch vergesse man nicht, dass das Suchtproblem von eiserner Härte *ist*, nicht weniger zerstörerisch als messerscharfer Stahl.

Die Einbindung in mitmenschliche Beziehungen kann auch ambulant stattfinden, wie es etwa die Anonymen Alkoholiker praktizieren. Für Einzeltherapien hingegen sehen die Erfolgschancen dürftig aus, selbst wenn man die Familienmitglieder hinzuzieht.

Man bedenke: Diese Familienmitglieder sind »Verwundete«. Sie haben lange Zeit an der Sucht ihres Angehörigen partizipiert und wiederholt extrem darauf reagiert, weil sie sich einfach nicht mehr zu helfen wussten. Sie sind dutzende Male durch die Tiefen des Entsetzens und der Verzweiflung hindurchgekrochen, haben sich bei jedem Schwur des Kranken, dass es ab sofort anders werde, hochgerappelt und aufgerafft, und sind erneut in die Tiefe der Enttäuschung zurückgestoßen worden. Damit noch nicht genug. Sie haben Unmengen an Geld und Kraft in die Rettung des Kranken investiert, während unsensible Therapeuten ihnen mit kühler Miene den Stempel der Krankheitsverschuldung aufgedrückt haben. Von allen Schmerzen aber, an denen sie leiden, rangiert einer an der Spitze, und das ist das ohnmächtige Zuschauenmüssen, wie ein geliebter Mensch sich sukzessive ruiniert. Das kommt einem Horrortrip gleich und geht an niemandem spurlos vorüber! Man sollte daher in der Suchtkrankenhilfe stets beachten, dass den Familienmitgliedern keine zusätzlichen Lasten aufgebürdet werden dürfen, sondern dass sie psychisch *ent*lastet werden müssen, wo es nur möglich ist.

In der Logotherapie glauben wir nicht daran, dass der Mensch ein Produkt seiner familiären und sozialen Umwelteinflüsse ist. Wir enthalten uns jedweder Schuldzuweisung nach außen und unterstützen die vernünftige Auffassung, dass der Mensch, wenn überhaupt, dann ein »Produkt« seiner eigenen Entscheidungen ist, seiner Gedanken und Taten. Mehr noch: dass gerade der Süchtige so lange in seiner Abhängigkeit verharren wird, als er sich *als abhängig* von seiner Umwelt und ihren Einflüssen *definiert*; dass er sich aber über seine Abhängigkeit erheben wird, sobald er zugibt, dass es die Saat seiner eigenen Gedanken ist, die ihm in der Ernte seines Lebens entgegentritt, und – dass zum Glück noch Zeit ist, mit dem Aussäen von vorne zu beginnen.

Wer heute einen Gedanken sät,
der erntet morgen die Tat,
übermorgen die Gewohnheit,
danach den Charakter
und endlich sein Schicksal.
Darum muss er bedenken,
was er heute sät,
und muss wissen,
dass ihm sein Schicksal
einmal in die Hand gegeben ist:
heute!

Gottfried Keller

Sex und Partnerschaft müssen her!

Wie sich gute innere Gefühlszustände nicht unbeschadet erzwingen lassen, so sind auch sexuelle Befriedigungen nur begrenzt künstlich »machbar«. Insbesondere menschliche Sexualität verweigert sich einer Verzweckung. Sie ist zu Höherem geschaffen, nämlich, um einem innigen geistigen Liebesband zwischen Mann und Frau leiblichen Ausdruck zu verleihen. Freilich soll sie den Fortbestand der Menschheit sichern, aber sie verfolgt nicht nur ihren biologischen Auftrag. Menschliche Sexualität soll in erster Linie versinnlichen, was das Herz eines Liebenden sagen will: »Ich bin dir nah, ich mag dich gern, ich erkenne dich an!« Sie avanciert zum »Erkenntnisritual«.

Was da (an-)erkannt wird, ist Wirkliches und Unwirkliches zugleich, ist zum einen das unaustauschbare Sosein einer Person und zum anderen ihr entwicklungsträchtiges Werdenkönnen, wie es ihr zu wünschen ist und vom Liebenden de facto gewünscht wird. »Es gehört zur metaphysischen Rätselhaftigkeit des geistigen Aktes, den man Liebe nennt, dass in ihm aus dem Wesensbild des geliebten Menschen dessen Wertbild abgelesen werden kann[14]«, schrieb *Viktor E. Frankl.* Der menschliche Sexualakt ist die Inkarnation eines geistigen Aktes.

Fragen wir: Und wenn er es *nicht* ist? Wenn er seines vermenschlichenden Ausdrucksauftrages beraubt und zurückgedrängt wird auf die vormenschliche Stufe reiner Zweckmäßigkeit, sei es zum Zwecke künftiger Nachkommen, sei es zum Zwecke gegenwärtigen Lustgewinns? Na ja, dann funktioniert er meistens auch, aber ein Platz im Gefüge des Geschehens bleibt leer: der Partner ist nicht mehr der Gemeinte, der (An-)Erkannte, er ist nicht mehr der Geliebte, er ist bloß noch – Mittel zum Zweck.

Auf diesen »leeren Platz« kann Krankhaftes einsickern. *Die Seele sträubt sich, der Körper streikt.* Frigidität und Impotenz bremsen eine lieblose Sexualität. Die Erwartungsangst besorgt den Rest. Sie zementiert das anfangs sporadisch auftretende Versagen zu einem gefürchteten Symptom. So sind psychisch bedingte Sexualstörungen merkwürdigerweise selber Ausdruck: Ausdruck für körperliche Annäherungen, die eben leider nicht mehr Ausdruck einer personalen Liebe sind.

Unter den Einwirkungen des gesellschaftlichen Umbruchs, der in den turbulenten 60er Jahren des vorigen Jahrhunderts seinen Ausgang genommen hat, sind die Sexualstörungen mittlerweile von den Beziehungsstörungen schlechthin aufgesogen worden. Jener Umbruch, dessen »Startschuss« ca. zeitgleich mit der Erfindung der Antibabypille anberaumt werden kann, hatte unter dem schon etwas angegrauten Codewort »Emanzipation« nicht viel anderes zum Ziel als die Freisetzung und Erschließung der Sexualität als individuelle Lustquelle (und damit ihre Herabsetzung auf die Stufe der Zweckmäßigkeit). Nach Verebben der ersten Euphorie wurden die Folgen in breiten Bevölkerungsschichten offenbar. *Die Seele sträubt sich, der Körper streikt* ... Beides eröffnete ungeheure Märkte. Das Geschäft mit der Pornographie entwuchs dem »plumpen« Stadium und blühte in subtilen Variationen auf, nicht zuletzt auf dem Werbesektor, der unsere Wirtschaft ankurbelt. Fernöstliche »Serviceunternehmen«, intime Massagesalons, Psychokulte mit sexuellen Praktiken kletterten die Karriereleiter hinauf. Moderne Autoren und Filmregisseure priesen die »offene Ehe«, das »Probe-Zusammenwohnen«, die Lebensabschnittspartnerschaft, was dem Singletum reichlich Auftrieb gab. Die ringsum zerschellenden »Beziehungskisten« flogen den Leuten nur so um die Ohren.

Die heutige Bilanz ist gemischt. Der Kampf gegen den *Streik des Körpers* ist weitgehend gewonnen worden. Die Nach-Umbruchsgeneration ist sexuell sportlich und perfekt informiert; sie schafft es, notfalls ohne geistige Berührung und innige Verbundenheit mit einem Partner potent zu sein. Der aktuellste Ausweg heißt Viagra. Demgegenüber ist der Kampf gegen das *Sichsträuben der Seele* bisher eher verloren worden. Nicht, dass die Geschäftemacherei hier säumiger gewesen wäre. Eine »Do-it-yourself-Lebens- und Liebeskunst« steht in Form unzähliger sprüchegewaltiger Ratgeber zum Erwerb bereit. Aber was nützt sie dem Konsumenten, wenn doch jede echte Liebesbeziehung mit einem (nicht käuflichen) Geschenk zu tun hat, mit dem Sichverschenken und dem Beschenktwerden? In einer Gesellschaft, in der für teures Geld fast alles zu haben ist, sind Geschenke rar ...

Analysieren wir eine Leseranfrage aus einer deutschen Kirchenzeitung (aus dem Jahr 1992), die von ihrem Denkmuster her für manche Beziehungsnot unserer Nach-Umbruchszeit repräsentativ sein könnte:

Immer wird nur von Ehe und Familie geschrieben. Was ist aber mit mir? Ich habe keinen Partner gefunden, weil das Schicksal mir keinen gegeben hat. Ich bin 43 Jahre alt und mutterseelenallein. Daran gehe ich zugrunde. Noch nie habe ich von einem Pfarrer etwas über alleinstehende Menschen gehört, die keinen Partner gefunden haben und dadurch in jeder Weise die Hölle auf Erden erleben.

Niemand kümmert sich um uns. Ich weiß, dass man Liebe nicht erzwingen kann. Es passt auch nicht jeder zu mir. Aber ich leide an der seelischen Grausamkeit, Kaltherzigkeit und Verständnislosigkeit der Menschen. Körperlich Kranken hilft man von allen Seiten. Für mich gibt es nur ein albernes Grinsen, wenn es mir schlecht geht. Wenn ich ein Liebespaar sehe, muss ich auf- und davongehen. Es tut mir zu sehr weh.

Jahrelang war ich deshalb in keinem Wald, auf keiner Wiese, auf keinem Berg, in keinem Schwimmbad. Jahrelang hatte ich keinen Urlaub, war in keinem Konzert. Besonders das Fernsehen mit seiner Werbung beschert mir viel Aufregung, wenn Liebe, Zärtlichkeit und Babys gezeigt werden. Solche Filmszenen sind für mich quälend. Deshalb habe ich mich entschlossen, das Fernsehen aus meinem Leben zu streichen, damit ich vielleicht meinen Seelenfrieden finden kann.

Ich bin aber auf diese Weise wirklich total von der Welt abgekapselt. Für mich ist das Leben nur lebenswert mit Liebe und Glück. Können Sie mir sagen, wie ich dazu komme?

Der Knackpunkt des Malheurs wird im vorletzten Satz dieser Leseranfrage prägnant eingefangen, und zwar mit der Behauptung, das Leben sei »nur« mit Liebe und Glück lebenswert. Dass Liebe und Glück zur Werthaftigkeit des Lebens beitragen, sei unbestritten. Das Wörtchen »nur« stellt allerdings in diesem Kontext eine unzulässige Einschränkung dar. Es riecht nach Zwang, Sucht, Krampf, Fixierung, kurz, nach einer neurotischen Falle, wie sie *Viktor E. Frankl* im nachstehenden Absatz erläutert hat[15]:

Faktisch ist die Liebe eine der möglichen Chancen, das Leben mit Sinn zu füllen, und nicht einmal die größte. Es wäre traurig um unser Dasein bestellt, und unser Leben wäre arm zu nennen, wenn sein Sinn davon abhinge, ob wir Liebesglück erleben oder nicht. Das Leben ist unendlich reich an Wertchancen ...

... der neurotische Mensch, der in einem bestimmten Wertbereich unerfüllt bleibt, geht entweder den Weg der Flucht in die Überbewertung oder in die Entwertung des betreffenden Lebensbereiches. Auf beiden Wegen setzt er sich aber ins Unrecht – und stürzt sich ins Unglück. Führt doch das neurotisch verkrampfte Streben nach Glück in der Liebe schon wegen seiner neurotischen Verkrampftheit zum Unglück.

Wir wollen der Verfasserin obiger Leseranfrage keine Ferndiagnose verpassen, dennoch ist unübersehbar, dass ihr Text in »neurotischer Handschrift« geschrieben ist. Was erzählt er uns?

Er erzählt von einer körperlich gesunden Frau. Wir wissen das wegen ihrer (abfälligen?) Bemerkung, dass man körperlich Kranken von allen Seiten hilft. Da man im Unterschied dazu für sie bloß ein Grinsen parat hat, ist sie demnach körperlich nicht krank. Vielleicht ahnt sie, dass sie seelisch krank ist, doch reicht ihre Ahnung nicht so weit, hinter jenem »Grinsen« die Hilflosigkeit und Überforderung der Mitwelt angesichts seelischer Krankheit zu vermuten. Was könnten ihre Mitmenschen auch unternehmen, um ihr zu helfen? Niemand kann ihr einen passenden Partner offerieren, weil sich Liebe nicht erzwingen lässt, was man ihr wahrscheinlich häufig genug (achselzuckend?) erklärt hat, da sie es selbst zugibt. Ein Eingeständnis ohne praktische Konsequenz.

Was wissen wir noch über diese Frau? Sie ist (im Jahr 1992) 43 Jahre alt, hat also ab ihrer Jugendzeit im Wohlstand gelebt und ist mit dem vorhin erwähnten gesellschaftlichen Umbruch aufgewachsen, dessen Zielvorstellungen sie verinnerlicht haben dürfte. Ihr Ziel ist das Glück; und das Fehlen von Glück ist ihre Hölle. Die Hölle der Wohlstandskinder!

Das eigentlich Kritische jedoch ist ihre vage Vorstellung, sie habe ein Anrecht auf Glück, und wenn das Glück ausbleibt, dann habe »irgendjemand« versagt: das Schicksal (»es hat mir keinen Partner gegeben«), die Kirche (»ich habe nie von einem Pfarrer etwas über alleinstehende Menschen gehört«) oder die Mitwelt (»niemand kümmert sich um uns«), die sowieso bereits in Misskredit gefallen ist, und nicht nur wegen des hilflosen »Grinsens«. Nein, bezüglich der Mitwelt trifft das *Frankl*wort von der Flucht in die Entwertung zu. Sie wird als seelisch grausam, kaltherzig und verständnislos abgestempelt. Warum? Weil es in ihr *Liebespaare* gibt, Liebende und Glückliche, denen zu begegnen die Textverfasserin schmerzt.

Fassen wir die gesammelten Daten über sie zusammen. Die Frau steht in der Mitte ihres Lebens, ist körperlich gesund, hat weder Kriegs- noch Hungerjahre kennen gelernt und genießt einen guten Lebensstandard (vgl. die Möglichkeit von Urlaub, Konzert, Fernsehen etc.). Millionen chronisch kranker Menschen würden gerne mit ihr tauschen, Millionen Flüchtlinge in den Elendswinkeln unserer Erde würden sich um ihr Zuhause »reißen«, aber das ist alles ohne Relevanz. Sie ist »mutterseelenallein«, und diese ihr versagt gebliebene Erfüllung in einem einzigen Wertbereich wird ihr zum Verhängnis, weil sie sie überbewertet. Auf Grund dessen reagiert sie mit einer beispiellosen Flucht. Sämtliche aktiven und passiven Ausflüge werden eliminiert in der Illusion, im Schonraum des eigenen Schneckenhauses »Seelenfrieden« zu finden. Natürlich geht die Rechnung nicht auf. Denn der Seelenfriede steht niemals am Ende einer Flucht, sondern immer am Anfang einer Akzeptanz.

Überlegen wir, wie dieser Frau zu raten und zu helfen wäre. Ich persönlich würde bei ihrem letzten Satz: »Können Sie mir sagen, wie ich dazu (= Liebe und Glück) komme?« einhaken und antworten: »Nun, Sie haben bisher erfahren, wie Sie *nicht* dazu kommen. Verwenden Sie diese Erfahrung, um Ihr Verhalten zu ändern.«

Anschließend würde ich folgenden Gedankengang mit ihr durchexerzieren: Angenommen, es gäbe einen Mann, der ihr ein lieber Kamerad sein könnte, welche Chance hat sie, ihn zu treffen, wenn sie sich von der Welt total abkapselt? Angenommen, sie träfe ihn doch, wie groß ist die Chance, dass er mit einer Person sympathisiert, die ihre Mitmenschen anklagend von sich wegstößt? Angenommen, er würde sich davon nicht irritieren lassen und ihr seine Zuneigung zeigen, wie groß ist dann die Chance, dass sie sich nicht im plötzlich aufwallenden Jubel, ihrem überbewerteten Ziel nahe zu sein, an dem Mann festkrallt und ihn an sich presst, bis er keine Luft mehr zum Atmen hat und davonrennt? Angenommen aber, er bliebe trotzdem bei ihr, wie groß ist dann die Chance, dass er ihre Schwäche nicht bloß ausnützen will oder selber eine Schwäche hat, die ihm keine rechtzeitige Loslösung von ihr erlaubt?

Am Ende unserer Gedankenkette angelangt, müsste die Patientin die Minimierung der Chance erfasst haben, die sich aus alledem für das Zustandekommen einer beglückenden Freundschaft, geschweige denn Partnerschaft, für sie ergibt. Jetzt ginge es darum, die Gedankenkette »umzuspulen«. Angenommen, sie würde ihr Schneckenhaus verlassen und sich mutig an Vorhaben heranwagen, die ihren Reiz in sich selbst tragen: Ausflüge, Konzertbesuche, Urlaubsfahrten usw. Angenommen, sie würde es ohne Ressentiments gegen ihre Mitmenschen tun, ob diese jung oder alt sind, in Familienbezügen leben oder allein stehen. Und angenommen, sie würde es ganz ohne die Absicht tun, sich »einen Mann zu angeln«, das heißt einfach

Zufriedenheit mit sich und ihrem Leben ausstrahlen. Wie groß wäre nunmehr ihre Chance, da und dort Bekannte zu gewinnen, die sich in ihrer Aura wohl fühlen? Darunter vielleicht einmal einen wirklich lieben Freund? Es wäre eine beträchtliche Chance!

Für Fälle wie den hier diskutierten wurde in der Logotherapie das Konzept der »finalen Vorleistung« erarbeitet, das sowohl in der »sinnzentrierten Familientherapie[16]« als auch bei Sexualstörungen erfolgreich angewandt wird. Es läuft darauf hinaus, dem Betreffenden die Notwendigkeit einer von ihm zu erbringenden Vorleistung bewusst zu machen, die den Stellenwert eines »Vorschusses an Liebe« hat. Der Träumer, der vergeblich vom Beschenktwerden träumt – vergeblich, weil er sich nicht im metaphysischen Sinne als ein bedingungslos Beschenkter erlebt! –, muss aufwachen und sich als ein Schenkender verstehen. Dann und nur dann kann wie durch ein Wunder sein Traum wahr werden.

Was aber ist zu verschenken? Das hängt von der jeweiligen Gesamtsituation ab. In *Frankls* Fachbüchern finden sich ausgezeichnete Beschreibungen von Sexualstörungen, die dadurch geheilt worden sind, dass die impotenten oder frigiden Kranken unter striktem Koitus- und Selbstbeachtungsverbot angewiesen worden sind, sich zärtlich und einfühlsam ihren Partnern zuzuwenden. Die Erotik, die frei jeden Besitzenwollens und jeder Luststrebigkeit an einen geliebten Menschen verschenkt wird, lässt als unbeabsichtigten Nebeneffekt ein gesundes Sexualleben wiedererstehen. Analoges gilt für Fälle von sexuellen Perversionen, in denen die Kranken unter therapeutischer Anleitung lernen müssen, jenseits ihrer Triebexzesse normale Kontakte mit beiden Geschlechtern aufzubauen und dabei ein Stück echte Solidarität zu verschenken. Je bessere »Kumpel« sie sind, desto mehr regenerieren ihre natürlichen Empfindungen.

In der Konfliktmediation lautet die Anweisung an die Kontrahenten, einander Höflichkeit und prinzipiellen Respekt entgegenzubringen, unabhängig davon, wie ekelhaft sich der Gegner gerade verhalten mag. Auch dieser »Vorschuss an Liebe« kann wahre Wunder an Konfliktentschärfung bewirken, die erst wieder eine produktive Kommunikation ermöglichen. Und bei der Verfasserin der Leseranfrage, die wir gehört haben, könnte die finale Vorleistung darin bestehen, ihren Mitmenschen deren etwaiges Liebesglück zu gönnen, ohne die Glücklichen zu entwerten und deren Glück überzubewerten. »Final« wäre eine solche Vorleistung sogar in zwei Richtungen: in Richtung auf den subjektiven Seelenfrieden der Frau und in Richtung auf einen transsubjektiven »Übersinn«.

Die aufgezählten Vorleistungen verlangen allesamt einen sinnvollen Verzicht, und insofern schließt sich der konzeptionelle Bogen zur Suchtkrankenhilfe. Es handelt sich beim genannten Patientengut eben auch um ichsüchtige, libidosüchtige und nicht selten streitsüchtige Personen, die etwas erzwingen wollen, ohne das sie vermeinen, nicht auszukommen. Wie es bei den Sexualgestörten der Sexualakt ist, auf den kraft des Koitusverbotes zunächst verzichtet werden soll, ist es bei den sexuell Perversen der perverse Akt, bei den Konfliktpartnern der aggressive Akt und bei der Verfasserin der Leseranfrage der Akt des Sichschonens. Sie schrieb: »... muss ich auf- und davongehen. Es tut mir zu sehr weh« und »... sind für mich quälend. Deshalb habe ich mich entschlossen, das Fernsehen aus meinem Leben zu streichen« – *darauf*, auf das Davongehen, auf das Aus-dem-Leben-Streichen müsste sie in Zukunft verzichten, was ihr umso leichter fallen würde, je eher es ihr gelänge, ihre Mitmenschen »schonungslos« zu lieben, was bedeutet, ihnen Glück und Freude neidlos zu gönnen.

Wann immer wir es in der Psychotherapie mit Beziehungskrisen zu tun haben, dürfen wir nicht müde werden, zu vermitteln, dass »alles geschlechtlich-leibliche Vermögen letzten Endes in der geistig-seelischen Liebesfähigkeit gründet«, wie *Viktor E. Frankl* nachhaltig betont hat[17]. Und zwar in der Liebesfähigkeit *des Patienten*, die er selber unter Beweis zu stellen hat, und nicht in der Liebesfähigkeit seiner mitmenschlichen Umgebung, deren Früchte ihm einklagbar zustehen würden und in den Schoß fallen müssten.

Die Liebesfähigkeit richtet den Trieb aus und ordnet ihn hin, nicht nur auf ein »Triebziel«, sondern auch auf ein »Triebobjekt«, nämlich auf die Person des jeweils geliebten Partners. Nur in dem Maße, in dem der Trieb solcherart ausgerichtet ist und hingeordnet auf die Person des anderen, des Geliebten, nur in diesem Maße lässt sich der Trieb auch einordnen und unterordnen der eigenen Person. Nur ein Ich, das ein Du intendiert, kann das Es integrieren!

Verirrte Lehrmeinungen

In meiner Studentenzeit habe ich öfters bei gruppentherapeutischen Sitzung hospitiert. Ein Erlebnis von damals sei rekapituliert. Ein gehemmter, schüchterner Mann meldete sich in der Gruppensitzung zu Wort. Roten Kopfes gestand er, dass er sich während seines jüngsten Kuraufenthaltes zu einem Seitensprung habe verführen lassen. Er schämte sich. Daraufhin lachte der Gruppenleiter und rief aus: »Na, Gott sei Dank, endlich haben Sie etwas für sich getan!«

Ich verstand damals, was hinter der Stirn des Gruppenleiters vor sich gegangen war. Der Patient war offensichtlich lebenslang unter der Dominanz fremder Personen gestanden, möglicherweise auch unter den »Pantoffeln« seiner Frau. Also lag es im Interesse seiner Selbstentfaltung, aus dem Joch auszubrechen. Dass er eine sich günstig bietende Gelegenheit dazu ergriffen hatte, verdiente Applaus.

Trotzdem fragte ich mich schon damals, ob dieser Patient seinen »Ausbruch« wirklich frei gewählt und entschieden hatte, oder ob er bloß wieder unter einer (wenn auch andersartigen) Dominanz gestanden war, nämlich der seines Trieblebens. Und ich fragte mich des weiteren, ob der Patient mit dem Riskieren seiner Ehe wirklich etwas »für sich« getan hatte – er machte jedenfalls einen äußerst zerknirschten Eindruck auf mich, der sich durch die therapeutische Intervention nicht aufhellte.

Heute bin ich der Ansicht, der Patient hätte zu einer sinnorientierteren Selbstentfaltung aufgerufen werden können. Es stimmt, dass er mit Unterwürfigkeit und braver Folgsamkeit an seiner ureigenen Bestimmung vorbeilebte. Es stimmt auch, dass es seiner Partnerschaft nicht würdiger gewesen wäre, hätte er seiner Frau aus lauter Ängstlichkeit die Treue gehalten. Dennoch will mir scheinen, dass er etwas Sinnvolles hätte ins Auge fassen können, nicht nur »für sich«, sondern »für seine Frau und sich«: den freiwilligen Doppelverzicht auf künftiges Sich-dominieren-Lassen *und* auf künftige Seitensprünge! Den Doppelverzicht im klaren Wissen, dass zum einen das Ablegen seiner Hemmungen anstrengend und dennoch *für sie beide* lohnend sein wird, und zum anderen, dass ihm außereheliche Intimitäten keine Schwierigkeiten, ja, durchaus ein bisschen Vergnügen bereiten, aber davon Abstand genommen werden kann – *aus Liebe*. Eine solche Selbstentfaltung hätte ihn aus seiner Scham herausgeholt und der Freude über sich selbst zugeführt.

Ein zweites Beispiel möchte ich anfügen. Es entstammt einer medizinischen Ratgeberecke. Dort habe ich die »Beichte« einer jungen Frau gefunden, die ihr Kind im Alter von einem Jahr an Pflegeeltern weggegeben hatte, weil es mit verkrüppelten Füßchen geboren worden war, und die seither an Depressionen litt. Der ärztliche Kommentar dazu lautete, dass sie sich vor der Abschiebung des Kindes ausführlich über eventuelle Heilungsaussichten hätte erkundigen sollen, weil diese beim heutigen Stand orthopädischer Operations- und Kompensationskunst nicht übel seien.

Obwohl der kommentierende Arzt die Frau hat trösten wollen, ist ihm meines Erachtens ein Hauch von Zynismus unterlaufen. Die »Dosierung« von Mutterliebe kann man nicht mit guten oder schlechten Heilungsaussichten nach einem Geburtsfehler in Verbindung bringen. Mutterliebe ist vorhanden, oder sie ist nicht vorhanden; verkrüppelte Füßchen sind dabei weder ein Hinderungs- noch ein Förderungselement, sondern – egal.

Dafür bietet sich in obiger »Beichte« eine viel evidentere Querverbindung an, nämlich die zwischen den nach der Weggabe des Kindes aufgetretenen Depressionen der jungen Mutter und ihren Schuldgefühlen.

Wollte man sie trösten, müsste man ihre Schuld ernst nehmen, ihre Reue anerkennen, und ihr den Weg ebnen, diese Reue konstruktiv statt autoaggressiv zu tätigen. Was in der Seele der Mutter verkrüppelt ist, wäre »gerade zu richten«, und dafür sind die Heilungsaussichten beim heutigen Stand seelsorglicher Therapiekunst auch nicht übel ...

Zusammenfassung

1. Um Zwangs- oder Suchtsymptomen zu entrinnen, bedarf es einer gesteigerten Leidensfähigkeit. Im Widerstand bzw. Entzug muss auf ein »angenehmes feeling« verzichtet werden.
2. Leidensfähig sind Menschen, die sich selbst und andere achten und wertschätzen.
3. Ein »angenehmes feeling« ist nicht erzwingbar, ähnlich wie Liebesglück oder überhaupt gute zwischenmenschliche Beziehungen nicht erzwingbar sind. All dies sind »Nebeneffekte« eines sinnorientierten Lebenswandels.
4. Wer sich im metaphysischen Sinne als ein Beschenkter erlebt, kann sich leicht als Schenkender verstehen. Er ist offen für ein Du.

Problem 4: Familienzerwürfnis

Kausal oder final?

Wenn ein Familienklima »vergiftet« ist, kann der Einzelne in der Familie kaum gesund bleiben. In einer wissenschaftlichen Studie im Auftrag der Kassenärztlichen Vereinigung Deutschlands ist schon vor Jahrzehnten festgestellt worden, dass rund 40% aller Krankheiten psychosomatisch sind, also eine mitverursachende psychische Komponente haben, und dass von dieser psychischen Komponente rund 50% in Zusammenhang mit familiären Zerwürfnissen steht. Summa summarum wäre ein Fünftel aller Krankheitsfälle vermeidbar, wäre das Familienleben der Betreffenden intakt.

Aber nicht nur bei der Entwicklung psychosomatischer Krankheiten spielt das Familienleben eine große Rolle. Die Krankheit wirkt sich auch ihrerseits auf das Familienleben belastend aus. Psychosomatische Krankheiten erzeugen heftige Rückkoppelungen im sozialen, psychischen und somatischen Bereich, was sie chronifiziert. Je disharmonischer eine Familienstruktur, desto kränker ihre Mitglieder – je kränker die Familienmitglieder, desto gefährdeter die Harmonie ihres Zusammenlebens (vgl. Abb. 4).

Überlegen wir, wie es überhaupt zu einem familiären Zerwürfnis, zu einem »vergifteten« Familienklima kommt. Die Theorie, dass immer *alle* Familienmitglieder daran beteiligt sein müssen, ist falsch. Letztlich ist jeder Einzelne wichtig und ausschlaggebend. Jeder Einzelne besitzt Entscheidungsfreiheit und Wahlmöglichkeiten in Bezug auf sein Verhalten. Er ist keine »Funktion eines Systems«, keine Marionette am Knäuelende derjenigen Fäden, die von seinen Vorfahren oder den übrigen Familienmitgliedern ausgehen und ihn umstricken. Ein rein kausales Erklärungsmodell für innerfamiliäre Prozesse muss zwangsläufig fehlen, weil es das Verhalten eines jeden auf das Verhalten anderer Familienmitglieder zurückzuführen versucht, und dies retour bis zu »Adam und Eva«. Ein solches Modell kann keine wirklichen Erklärungen liefern, sondern lediglich Pseudogründe zur Aufweichung der personalen Verantwortung des Einzelnen in einer Art Gemeinschaftsverantwortung, die, genau besehen, keine mehr ist. Bald wäre »theoretisch« niemand an einem Familienzerwürfnis schuld.

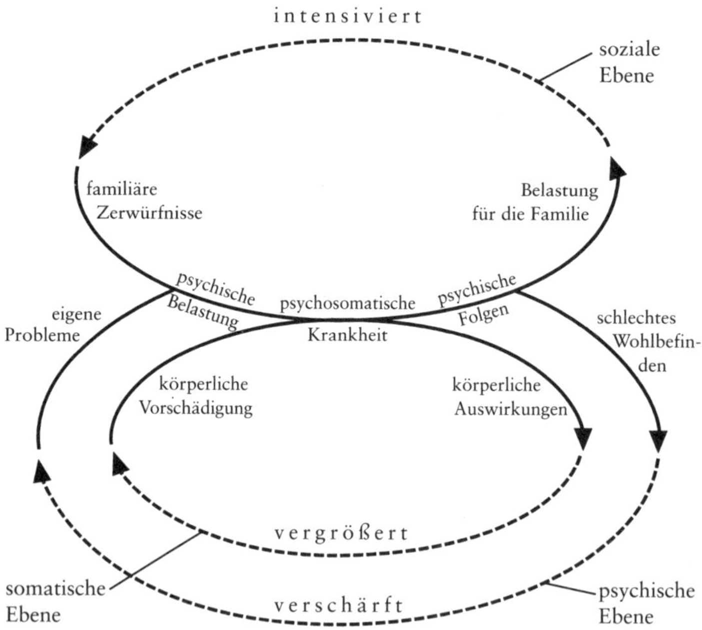

Abb. 4: Dramatische Zusammenhänge zwischen Familienzerwürfnissen, eigenen Problemen und Krankheiten.

Ein Beispiel für das kausale Erklärungsmodell:

Der Vater betrinkt sich, *weil* ihn seine Frau frustriert. Seine Frau frustriert ihn, *weil* sie sich über ihren ältesten Sohn ärgert. Der älteste Sohn ärgert die Mutter, *weil* er sich von ihr abgelehnt fühlt. Die Mutter lehnt ihn ab, *weil* sie zu seiner vorgeburtlichen Zeit noch nicht hat schwanger werden wollen. Sie ist damals schwanger geworden, *weil* sie und ihr Mann zu keiner vernünftigen Familienplanung in der Lage gewesen sind. Sie sind nicht in der Lage gewesen, *weil* ihre Eltern – die Großeltern – das Thema »Sexualität« tabuisiert haben. Die Großeltern haben das Thema »Sexualität« tabuisiert, *weil* die Urgroßeltern ...

Das kausale Erklärungsmodell ist auch nach der anderen Seite hin unendlich: *Weil* sich der Vater öfters betrinkt, drängt die Tochter früh aus dem Haus. *Weil* sie häufig ausgeht, sind die jüngeren Geschwister eifersüchtig. *Weil* die jüngeren Geschwister eifersüchtig sind, schwärzen sie ihre ältere Schwester bei der Mutter an. *Weil* die Mutter andauernd Negatives zu hören bekommt, reagiert sie psychosomatisch. *Weil* sie häufig krank ist, vernachlässigt sie den Haushalt. *Weil* alles drunter und drüber geht, fühlt sich der Vater zu Hause nicht wohl. *Weil* er sich zu Hause nicht wohl fühlt, hockt er täglich im Wirtshaus und trinkt ...

Das Beispiel zeigt, dass der kausale Ansatz entweder im Sand der Geschichte (Großeltern, Urgroßeltern ... »Adam und Eva«) verrinnt oder Endlosschleifen bildet, die zu ihrem Ausgangspunkt zurückführen. Am Ende findet man nur Geschädigte und keine Täter mehr. Da dies kaum hilfreich ist, muss der kausale Ansatz durch einen finalen ersetzt werden.

Im finalen Erklärungsmodell wird das Verhalten einzelner Personen nicht nach seiner Entstehungsgeschichte, sondern nach seiner Sinnhaftigkeit und Zielgerechtigkeit beurteilt. Es ist unerheblich, warum sich der Vater öfters betrinkt. Die essenzielle Frage lautet, ob es für die Familiengemeinschaft sinnvoll ist, dass er sich öfters betrinkt, und wenn »nein«, ob er nicht (seiner Familie zuliebe?) damit aufhören könnte, unabhängig davon, warum er damit angefangen hat und ob dieser Grund noch existiert.

Der finale Ansatz ist faszinierend. Werden die kausalen Muster aus einem finalen Ziel-Engagement heraus »akausal« unterbrochen, bewegen sie sich u. U. in eine völlig neue Richtung weiter als bisher (vgl. Abb. 5).

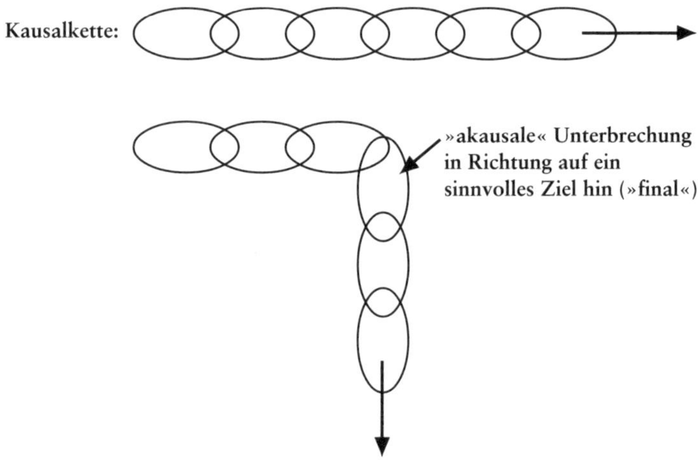

Abb. 5: Kausalketten können nur »akausal« unterbrochen werden.

Ein Beispiel für das finale Erklärungsmodell:

Angenommen, der Vater stoppt von einem gewissen Moment an seine Trinkerei und bemüht sich, zu seiner Frau nett zu sein, *obwohl* sie ihn frustriert (weil sie sich über ihren ältesten Sohn ärgert usw.). Was kann geschehen? Die Tochter findet es zu Hause schöner. Sie streunt weniger herum. Es kommt zu weniger Reibereien zwischen ihr und den jüngeren Geschwistern. Diese bombardieren die Mutter nicht mehr mit Beschwerden über die Schwester. Die Mutter bleibt körperlich-seelisch stabiler. Sie erträgt den Ärger mit dem ältesten Sohn gelassener und frustriert ihren Mann immer seltener – plötzlich hat der Vater keinen Grund mehr zur Flucht ins Wirtshaus! Man beachte: Er hat aufgehört mit seiner Trinkerei, *als er noch Grund dazu hatte*, und durch sein Aufhören *schwand der Grund!*

Um eine unselige Endlosschleife zu durchschneiden, genügt es also manchmal schon, wenn nur ein einziges Familienmitglied eine finale Vorleistung erbringt, die den Kausalabläufen eine sinnvolle Wende gibt. Solche Vorleistungen sind Willensakte pur, sie werden allein vom »guten Willen« getragen, in *Frankls* Diktion vom »Willen zum Sinn«. Sie sind durch nichts logisch bewirkt oder verursacht, sondern von der Person selbst »gezeugt« und deswegen akausal (d. h., eigentlich fühlt man sich geneigt, anders zu handeln), aber final. Ihre Akausalität und Finalität sei am Gleichnis des Echos demonstriert. Wenn jemand Negatives gegen eine Bergwand ruft, schallt ein negatives (Gefühls-)Echo zurück, das ihn wieder anstachelt, Negatives auszusenden, und so fort. Der Kreisprozess ist ausschließlich mittels finaler Vorleistung zu stoppen, indem – trotz negativem Echoklang im Ohr – akausalerweise Positives gegen die Bergwand gerufen wird. Er ist nicht zu stoppen, indem man die Herkunft des negativen Echos analysiert.

Bei diesem Ansatz wird niemand in der Familie als ein (von den anderen) Geschädigter deklariert, sondern jeder ist Täter aus eigener Initiative; und wenn seine Tat nur darin besteht, auf das ihm Angetane so oder so zu reagieren. Die Verantwortung verbleibt beim Einzelnen und löst sich nicht in einer diffusen Gemeinschaftsverantwortung auf, für die keiner zuständig ist.

Engel mit nur einem Flügel

Eine überaus treffende Formulierung von *Luciano de Crescenzo* lautet:

Wir sind die Engel
mit nur einem Flügel.
Um fliegen zu können,
müssen wir einander umarmen.

Machen wir uns nichts vor. Wir sind nicht perfekt. Zwar verfügt jeder von uns über seine Glanzseiten, seine Talente, seine Liebenswürdigkeit und seinen inneren Adel. Himmlisches verdichtet sich in uns zu einem Flügelchen, das uns über den »nackten Affen« erhebt. Doch leider hat auch jeder von uns seinen Flügelstumpf: die Schwachstelle, an der er einknickt. An der er gemein wird, verletzend, gierig, brutal; an der er erschreckend flott ins Satanische unterhalb des »nackten Affen« abrutschen kann. Deshalb kommt alles darauf an, im täglichen Miteinander konsequent das eigene Flügelchen herauszukehren und dennoch barmherzig zu sein mit jenen, die gerade ihren Flügelstumpf zur Schau stellen. Denn was unser Glanz ist, das schimmert, irgendwo versteckt, genauso im anderen, im Gegner, im Feind. Und was dessen Elend ist, das wohnt, irgendwo versteckt, genauso in uns. Nur ein gütiges Miteinander rückt uns dem Himmel näher.

Die sinnzentrierte Familientherapie kann poetisch als eine Art »Flugschule für die Engel mit nur einem Flügel« bezeichnet werden. Sie gewährt ihnen Beistand bei der Suche nach dem, was ihnen im Namen der Liebe und zum Wohl ihrer Familien abverlangt ist. Sie motiviert sie, finale Vorleistungen in die Befriedung von Konflikten zu investieren. Sie schiebt das die Einzelpersonen übergreifende Wertvolle in den gemeinsamen Blick. Sie möchte Familien erhalten, Ehen retten und Kindern ein »broken home« ersparen. Sie ist skeptisch gegenüber dem oft zitierten Argument, es sei für Familienmitglieder besser, auseinander zu gehen, als sich ständig zu quälen. Trotz der Logik dieses Argumentes übergeht es stillschweigend die Frage, ob keine dritte Alternative neben Bruch oder Qual existiert. Gibt es wirklich keine Möglichkeit, einen unerträglichen Ist-Zustand in einen erträglichen Soll-Zustand zu verwandeln? Mich erinnert das genannte Argument an die Selbstmordkandidaten, die ich im Zuge meiner psychotherapeutischen Praxis kennen gelernt habe. Sie argumentierten stets ähnlich: dass es besser sei, aus dem Leben zu scheiden, als sich ständig abzuquälen.

In der Logotherapie wird nie bloß ein Ist-Zustand betrachtet (»wir passen nicht zueinander«, »wir sind zu verschieden«, »es ist zu viel vorgefallen« ...). Das »Werdbare«, das Sinnmögliche, das noch werden kann, in ethischer Perspektive der Soll-Zustand, steht im Mittelpunkt der Aufmerksamkeit. Das Leben bietet mehr als *Gegebenheiten*, die man für gut oder schlecht befindet, es enthält *Aufgegebenes*, dem man sich selbst gegenübergestellt findet.

Bloße Gegebenheiten könnte man aus der Welt schaffen, wenn sie sich als unerfreulich erweisen, aber das einem Aufgegebene kann man nur erfüllen oder nicht erfüllen, und beides, die eigene Leistung wie das eigene Versagen, beeinflusst die Welt nachhaltig. Es ist tatsächlich ähnlich wie beim Selbstmörder, der auch kein Problem löst bzw. das Schwere, das ihn belastet, nicht aus der Welt schafft, sondern immer nur sich selbst aus der Welt schafft, und das ungelöste – von ihm ungelöste – Problem, die schwere Last, in der Welt zurücklässt. Deshalb erzeugen Scheidungen und Trennungen Versagenserlebnisse, sogar bei denjenigen, die am wenigsten daran beteiligt sind. Tief am Seelengrund flackert ein Unbehagen – ein Soll ist nicht zum Sein gelangt.

Die sinnzentrierte Familientherapie wurde konzipiert, um Eheleuten und Eltern zu helfen, die Aufgabe, die sie sich selbst erwählt haben, zu einem guten Ende zu bringen.

Wiederholen wir zum präzisen Verständnis nochmals ihre Eckpfeiler: Anders als bei systemischen Ansätzen, wird das einzelne Familienmitglied nicht als »Symptomträger« eines »gestörten Systems«, sondern als freie und verantwortliche Person verstanden. Es wird auf seinen persönlichen Beitrag zum Familiengeschehen angesprochen. Ist sein Beitrag in gewissen Aspekten ein destruktiver, wird seine Schuld nicht zum »Symptom« erklärt, sondern als Schuld (»Flügelstumpf«) bei ihm belassen. Es wird aber gemeinsam mit dem Familienmitglied der Frage nachgegangen, welche Verhaltensweisen seinerseits sinnvoller wären und warum. Angesichts leidvermehrender Kreisprozesse und Wechselwirkungen wird mit dem Familienmitglied eine finale Vorleistung erarbeitet, die sich auf das ganze Beziehungsgefüge leidbremsend und hoffnungvermehrend auswirken kann und soll (sein »Flügelchen« wird in Schwingung versetzt). Wichtig dabei ist, dass die finale Vorleistung unabhängig davon erbracht wird, ob die Ursache des vorliegenden Problems noch andauert oder nicht.

Der Macht (unbewusster?) Kausalzusammenhänge wird also die Macht bewusster und akausaler Entscheidungen entgegengehalten, die aus keinem anderen Grunde fallen als aus Liebe zur Familie und dem Wunsch nach ihrer Erneuerung.

Wählen wir zur Erläuterung des konkreten Vorgehens in der sinnzentrierten Familientherapie einen jener leidvermehrenden Kreisprozesse aus, die das Zusammenleben von Menschen strapazieren. Sie sind allesamt »Teufelskreise«, vergleichbar den neurotischen Aufschaukelungsmustern zwischen Erwartungsängsten und »herbei-«gefürchteten Eklats. Der von uns ausgewählte ist einfach, trotzdem könnte er die Keimzelle einer sich über Jahre dramatisch steigernden Familientragödie sein, die in Mord und Totschlag einmündet. Er sieht so aus:

Der Vater ist aggressiv, weil ihn keiner in der Familie mag.
Keiner in der Familie mag ihn, weil er aggressiv ist.

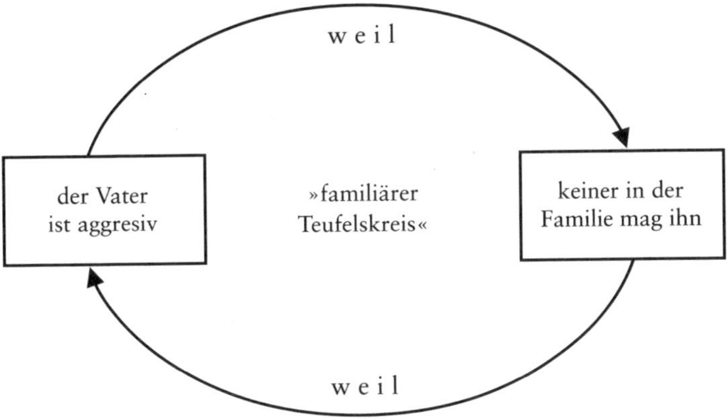

Abb. 6: Beispiel eines leidvermehrenden Kreisprozesses

Im Allgemeinen laufen derartige Wechselwirkungsprozesse nicht unbewusst ab, sondern werden von den Familienmitgliedern erkannt, nur falsch ausgelegt. Jeder sagt: »Wenn der andere ..., dann würde ich ...«, jeder lässt sozusagen dem Gegner den Vortritt bei der Sprengung des Teufelskreises. In unserem Beispiel könnte der Vater die Ansicht vertreten: »Wenn meine Angehörigen freundlicher zu mir wären, wäre ich auch nicht so aggressiv.« Die Angehörigen könnten die Ansicht vertreten: »Wenn unser Vater nicht so aggressiv wäre, wären wir auch freundlicher zu ihm.« Man wartet auf die Änderung, die der Gegner vollziehen soll – jahrelang. Das Warten verhärtet die Fronten.

Es gibt nur einen effizienten Ausweg, nämlich den, dass wenigstens einer der beiden Gegner freiwillig sein eigenes Verhalten ändert, unabhängig davon, was der andere macht. Der Sprengstoff für Teufelskreise heißt: finale Vorleistung. Wenn der Vater seine Aggressivität eisern zurückschraubt, *obwohl* ihn keiner mag, oder wenn ihm die übrigen Familienmitglieder signalisieren, dass sie ihn noch mögen, *obwohl* er hin und wieder aggressiv ausrutscht, oder wenn es gar alle gleichzeitig versuchen, dann ist das für die Familie wie ein kleines »Wunder« (Wunder haben ja stets mit Akausalität zu tun!). Dieses Wunder erhöht die Wahrscheinlichkeit, dass bald alle bereit sind, an einer zunehmenden Harmonisierung mitzuwirken.

Allerdings muss trotz guten Willens des einen Gegners der andere nicht mitziehen. Im Beispiel kann jeder Angehörige entscheiden, den mittlerweile friedlich gewordenen Vater kategorisch abzulehnen. Auch kann der Vater entscheiden, trotz seines plötzlichen Gemochtwerdens wieder zu toben. Dennoch vermehrt das beharrlich fortgesetzte Wunder die Hoffnung darauf, dass sich allmählich ein fairer Umgangston untereinander einpendelt. Je mehr und je häufiger Familienmitglieder sich zu einer »Liebe auf Vorschuss« aufraffen, umso realistischer wird die Hoffnung auf das Gesamtgelingen der Familie.

Überlegen wir: Was bewegt eine Person, ihr Verhalten freiwillig zu ändern? Die Antwort beinhaltet uns bereits Bekanntes: 1. ein autonomes Selbstverständnis (vgl. *Manoochehr Khatamis* Begriff eines »authentischen Ichs«), und 2. ein echter Sinn-Grund (vgl. den Konnex zu einem vertrauensvollen Gottesbild). Hier noch ein paar ergänzende Hinweise:

Zum autonomen Selbstverständnis:

Wer sich selbst als unfrei begreift, als von seiner Umwelt manipuliert und geschoben, der wird sich bei Unstimmigkeiten stets auf seine Umwelt berufen (»ausreden«), aber selbst kaum an sich arbeiten. Er spinnt sich in die Rolle des »armen Opfers« ein und ignoriert die Tatsache, dass es seine geistige Faulheit ist, sich manipulieren und schieben zu lassen.

Deshalb bildet es einen Schwerpunkt der sinnzentrierten Familientherapie, jedes Familienmitglied – ausgenommen vorpubertäre Kinder, Schwerstkranke oder senile Großeltern – auf seine Freiheit und Eigenverantwortung aufmerksam zu machen und zum Bewusstsein seiner vollen Autonomie zu geleiten. Dazu ein *Frankl*-Zitat[18]:

Die Freiheit hat der Mensch auf jeden Fall; nur dass er sich ihrer nicht selten begibt – freiwillig begibt. Und dass sie ihm nicht immer bewusst ist; aber sie kann ihm bewusst werden – sie muss ihm eben bewusst gemacht werden ... an die dann bewusst gewordene Freiheit zu appellieren, ist die Aufgabe der Logotherapie.

Zum echten Sinn-Grund:

Wer keinen Grund für eine Änderung seiner selbst sieht, ändert sich auch dann nicht, wenn er sich prinzipiell frei fühlt zur Änderung. Nun macht es einen großen Unterschied für die Familie aus, ob ihre Mitglieder vorrangig aus egoistischen oder aus altruistischen Motiven handeln, doch soll in der Logotherapie das eine nicht gegen das andere ausgespielt werden. Wir suchen mit den Familienmitgliedern nach sinnorientierten Handlungsgründen, das heißt nach dem, was für sie selbst und alle Beteiligten hilfreich und bekömmlich ist. Sinn ist immer »Sinn fürs Ganze«, für das Individuum und die Gemeinschaft, der es angehört, in theologischer Deutung das »vom liebenden Gott Gewollte«.

Deshalb bildet es einen zweiten Schwerpunkt der sinnzentrierten Familientherapie, jedes Familienmitglied – ausgenommen vorpubertäre Kinder, Schwerstkranke oder senile Großeltern – mit Gründen zu konfrontieren, die (unter Berücksichtigung seiner individuellen Bedürfnisse) für den Dienst an seiner Familie sprechen und es motivieren können, in Freiheit das Beste für alle zu tun. Auch dazu ein *Frankl*-Zitat[19]:

Der Sinn der Individualität erfüllt sich erst in der Gemeinschaft. Insofern ist der Wert des Individuums auf die Gemeinschaft angewiesen. Soll aber die Gemeinschaft selber Sinn haben, dann kann sie der Individualität der sie bildenden Individuen nicht entraten ... Der Sinn der Gemeinschaft wird durch Individualität konstituiert, und der Sinn der Individualität durch Gemeinschaft.

Es ist, wie *Luciano de Crescenzo* gedichtet hat: Um geistig-seelisch ins Glück fliegen zu können, müssen wir einander umarmen.

Ein dreiteiliges Fragen-Schema

Aus dem Bisherigen ist sicher verständlich geworden, dass in der sinnzentrierten Familientherapie eine intensive Beratung der einzelnen Personen stattfindet. Der Einzelne muss sich zum Gewinn aller ändern, daran ist nicht zu rütteln. Das möge auch der Leser für sein Leben mitnehmen.

Doch gibt es ein von mir speziell entwickeltes Fragen-Schema zur Paarberatung, das auf Familiensitzungen ausgedehnt werden kann. Es ist dreistufig und je nach Problematik abwandelbar. Da es schon viele Ehen gerettet und Kinder davor bewahrt hat, zu Scheidungswaisen zu werden, sei es kurz dargestellt. (Vielleicht ist ja manches kriegerische Leserpärchen imstande, es autodidaktisch bei sich selbst anzuwenden und sich aus seinen Teufelskreisverstrickungen herauszuwinden ...)

Die Paarberatung wird meistens damit gestartet, dass die Eheleute eine bestimmte Konfliktsituation schildern, die bei ihnen aufgetreten und zum Zündstoff für gegenseitige Kränkungen geworden ist. Beide Partner sind naturgemäß verärgert und traurig über das Vorgefallene.

Stufe I

Frage des Eheberaters an den Mann: »Was, meinen Sie, war das tiefste Schmerzelement, das Ihre Frau beim geschilderten Konflikt getroffen hat? Was hat sie so gekränkt? Was hat sie so traurig gemacht?«

Der Mann, der am liebsten seine eigene Position verteidigen möchte, ist jetzt gezwungen, sich in seine Frau einzufühlen und deren Position zu erkunden. Er antwortet.

Frage des Eheberaters an die Frau: »Und was meinen Sie, was das tiefste Schmerzelement war, das Ihren Mann beim geschilderten Konflikt getroffen hat? Was hat ihn so gekränkt? Was hat ihn so traurig gemacht?«

Für die Frau gilt dasselbe. Auch sie muss sich jetzt entgegen ihren aktuellen Tendenzen in ihren Mann einfühlen und seine Position erkunden. Sie antwortet.

Kontrollfrage des Eheberaters an beide: »Ist das, was Ihr Partner/Ihre Partnerin vermutet hat, richtig? Hat er/sie den wahren Sitz Ihrer Kränkung und Ihrer Trauer erraten?«

Im Allgemeinen kommt Zustimmung, was beweist, wie haarscharf beide wissen, wo die »Achillesferse« des anderen liegt und womit sie einander verletzen können. Bei Zustimmung kann zügig zur Stufe II übergegangen werden. Stimmt einer von beiden nicht zu, darf er sein tiefstes Schmerzelement verdeutlichen, gleichsam als Information an den anderen. Danach wird ohne weitere Diskussion zur Stufe II übergegangen.

Stufe II

Frage des Eheberaters an den Mann: »Können Sie sich für den Fall, dass Sie beide wieder in eine ähnliche Konfliktsituation geraten sollten, eine persönliche Möglichkeit ausdenken, die verhindern würde, dass Ihre Frau so stark getroffen wird? Sehen Sie irgendeinen Schritt in Richtung Kränkungsvermeidung, den Sie selber tun könnten?«

Jetzt ist der Mann gefordert, seine eigene Freiheit auszuloten und in ihr neue Handlungsweisen zu entdecken. Handlungsweisen unter denselben Vorzeichen wie gehabt, aber – weniger leid- und mehr hoffnungvermehrend.

Der Mann antwortet.

Frage des Eheberaters an die Frau: »Können auch Sie eine Möglichkeit ausforschen, in einer ähnlichen Konfliktsituation zu verhindern, dass Ihr Mann seelisch verletzt wird? Könnten Sie ebenfalls einen Schritt in Richtung Kränkungsvermeidung tun?«

Jetzt muss die Frau bei sich selbst nachspüren, welche Alternativen sie hätte, im Wiederholungsfall gnädiger und schonender zu agieren.

Sie antwortet.

Kontrollfrage des Eheberaters an beide: »Würde der Schritt, den Ihr Partner/Ihre Partnerin genannt hat, tatsächlich für Sie eine Erleichterung und Konfliktlinderung bedeuten? Wäre Ihnen damit geholfen, wenn er/sie ihn umsetzen würde?«

Im Allgemeinen kommt Zustimmung, weil die neue Möglichkeit (gemäß Stufe I) exakt nach dem Kriterium ausgesucht worden ist, dem anderen das tiefste Schmerzelement zu ersparen. Bei Zustimmung kann zügig zur Stufe III übergegangen werden. Stimmt einer von beiden nicht zu, darf er klären, was stattdessen eine Erleichterung bzw. Konfliktlinderung für ihn bedeuten würde. Danach wird ohne weitere Diskussion zur Stufe III übergegangen.

Frage des Eheberaters an den Mann: »Sind Sie damit einverstanden, die Möglichkeit, die Sie genannt haben (oder im hiesigen Gespräch erkannt haben), zu ergreifen und in einer ähnlich gelagerten Situation zu verwirklichen? Sind Sie bereit, den entdeckten ›Schritt auf Ihre Frau hin‹ zu vollziehen, und zwar unabhängig davon, ob auch Ihre Frau auf Sie zugehen wird?«

Das ist die entscheidende Frage. Sinn oder Widersinn? Niemand nimmt ihm die Antwort ab; und auch nicht die Verantwortung, die sich rund um seine Antwort rankt.

Der Mann bejaht oder verneint.

Frage des Eheberaters an die Frau: »Sind Sie damit einverstanden, die Möglichkeit, die Sie genannt haben (oder im hiesigen Gespräch erkannt haben), zu ergreifen und in einer ähnlich gelagerten Situation zu verwirklichen? Sind Sie bereit, den entdeckten ›Schritt auf Ihren Mann hin‹ zu vollziehen, und zwar unabhängig davon, ob auch Ihr Mann auf Sie zugehen wird?«

Sie steht vor demselben Entscheidungsernst wie ihr Mann. Sinn oder Widersinn? Auch ihr nimmt niemand die Antwort ab.

Die Frau bejaht oder verneint.

Im Allgemeinen kommt Bejahung von beiden Seiten. Sollten beide Partner die Frage auf Stufe III verneinen, hat die Eheberatung kaum mehr eine Chance. Das Fragen-Schema kann nicht fortgesetzt werden. Es ist jedoch äußerst selten, dass zwei Menschen, die in einer Ehekrise einen Fachmann konsultieren, um gemeinsam Lösungen zu erarbeiten, keinerlei Bereitschaft zu (von ihnen selbst als hilfreich erkannten) winzigen Veränderungsschritten bekunden. Bejaht zumindest einer der beiden Partner die Frage, kann die Ehe noch gedeihen.

Kontrollfrage des Eheberaters an beide (deren Ja vorausgesetzt): »Freuen Sie sich über das Vorhaben Ihres Partners/Ihrer Partnerin, können Sie ihm/ihr vertrauen? Sind Sie willig, sich von ihm/ihr überraschen zu lassen, sich seinen/ihren ›Schritt auf Sie zu‹ schenken zu lassen, ohne darauf zu pochen und ihn einzufordern?«

Im Allgemeinen kommt Zustimmung, weil jeder über die gute Absichtsbekundung des anderen froh ist. Sollte einer nicht zustimmen, wird auf kein Warum mehr eingegangen, sondern lediglich betont, dass der ›Schritt auf den anderen zu‹ unabhängig von irgendwelchen positiven Rückmeldungen getan werden kann, sogar dann, wenn der andere nicht daran glaubt oder sich nicht darüber freut. Er ist ein Schritt der Liebe, nicht der Berechnung, er ist ein Geschenk und kein Handel.

Damit wird das Beratungsgespräch beendet und ein neuer Gesprächstermin vereinbart.

Ich wiederhole: Wenn nur einer der beiden Partner sich auf eine Weise ändert, die dem anderen künftig seelisches Leid erspart, verbessert sich die gesamte Paarbeziehung. Das Charakteristische an diesem Fragen-Schema ist, dass von Anbeginn an ein selbstüberschreitendes Konzept durchkomponiert worden ist. Schon die erste Frage des Beraters lautet nicht: »Was ärgert Sie an Ihrem Partner?«, was eine Flut von altem und gegenwärtigem Groll hochschwemmen würde, sondern (komprimiert): »Worüber ärgert sich Ihr Partner?«, was dazu anregt, quasi in die Haut des anderen zu schlüpfen und ihn zu verstehen. Es geht um die Umpolung des Gedankens: »Was kann ich vom anderen erwarten?« in den Gedanken: »Was wird von mir als Ehemann oder Ehefrau erwartet – nicht als Direktanspruch seitens des Partners, sondern vom Sinn der Situation?«

Das Fragen-Schema kann bei Bedarf variiert werden. Wesentlich ist, dass Stufe I eben dazu führt, den Standort des Partners auszuforschen, Stufe II dazu führt, Möglichkeiten des eigenen Entgegenkommens auszuforschen, und Stufe III die Bereitschaft offen legt, solche eigenen Möglichkeiten im Interesse der gemeinsamen Beziehung auszuschöpfen.

Hier ein Beispiel in einer abgewandelten Version:

Stufe I

Frage des Eheberaters an den Mann: »Was, meinen Sie, würde Ihre Frau besonders freuen, wenn Sie es bei sich selbst verändern würden? Was würde Ihre Frau glücklich machen?«

Antwort des Mannes: »Ich glaube, meine Frau wäre sehr zufrieden, wenn ich mehr Zeit für sie erübrigen könnte. Aber das geht bei meinem Beruf als Manager schwer …«

Der Eheberater diskutiert das Wenn und Aber des Berufs des Ehemannes nicht allzu lange, lässt auch die Ehefrau nicht Stellung dazu nehmen, sondern wendet sich an sie.

Frage des Eheberaters an die Frau: »Bevor wir das Zeitproblem Ihres Mannes erörtern, möchte ich Sie fragen, über welche Veränderung Ihrerseits sich Ihr Mann freuen würde? Was würde ihn Ihrer Meinung nach glücklich machen?«

Antwort der Frau: »Das weiß ich schon. Er wäre zufrieden, wenn ich weniger an ihm herumnörgeln würde. Aber wie soll ich nicht nörgeln, wenn er doch kaum daheim ist und sich zu Hause noch in seine Akten vergräbt? Da würde jede Frau sauer werden …«

Der Eheberater diskutiert auch diese Rechtfertigung nicht allzu lange, sondern fragt zurück.

Kontrollfrage des Eheberaters an die Frau: »Demnach hat Ihr Mann richtig erraten, dass es für Sie eine große Freude bedeuten würde, wenn er öfter für Sie Zeit hätte?«

Die Frau bejaht heftig.

Kontrollfrage des Eheberaters an den Mann: »Hat Ihre Frau auch ins Schwarze getroffen, als sie das Nörgeln ansprach? Wäre Ihnen ohne ihre Nörgelei wohler?«

Der Mann zögert, dann korrigiert er: »Das Nörgeln ist nicht so schlimm. Aber wenn ich zu Hause arbeiten will, stört sie mich ununterbrochen. Ständig heißt es: ›Mach dies, mach jenes‹, bis ich mich bald nicht mehr konzentrieren kann. Dabei habe ich manchmal wichtige Terminangelegenheiten zu erledigen, die ich einfach nicht über das Wochenende aufschieben kann ...«

Stufe II

Frage des Eheberaters an den Mann: »Ich möchte Sie jetzt etwas fragen, das vielleicht schwierig zu beantworten ist. Bitte denken Sie sorgfältig darüber nach. Gäbe es irgendeine kleine Möglichkeit für Sie, Ihrer Frau trotz Zeitproblem ein wenig entgegenzukommen? Gäbe es eine Zeitinsel während der Woche oder am Wochenende, die sich für etwas mehr Kontakt ausbauen ließe, ohne dass Ihre unaufschiebbare Arbeit liegen bleiben muss?«

Antwort des Mannes: »Ich könnte mir eventuell bei den Mahlzeiten mehr Zeit zum Gespräch nehmen. Da bin ich oft mit meinen Gedanken abwesend. Das muss nicht sein. Am besten wäre, wir würden hie und da auswärts essen. Wenn ich meine Frau am Sonntag zu Mittag in ein gutes Restaurant entführte, würde sich gewiss ein nettes Gespräch zwischen uns ergeben, das wir auch noch auf dem Heimweg fortsetzen könnten. Ich wäre dann mehr abgeschirmt, als wenn ich zu Hause neben meinen Akten sitze.«

Frage des Eheberaters an die Frau: »Bevor wir die Idee Ihres Mannes diskutieren, möchte ich Ihnen die Parallelfrage stellen: Sehen Sie irgendeine kleine Möglichkeit, zu verhindern, dass Sie Ihren Mann bei unaufschiebbaren Heimarbeiten ständig stören?«

Antwort der Frau: »Na ja, ich weiß, er hat viel am Hals. Er verdient ja auch prima, und das hat seinen Preis ... Ich könnte ihm den Sonntag Nachmittag für sein Aktenstudium reservieren. Da nehme ich sowieso meistens ein Bad, wasche mir die Haare, lege eine Gesichtsmaske auf usw. Wenn er so viel Wert darauf legt, ungestört zu sein, könnte ich mir vornehmen, mich am Sonntag Nachmittag allein zu beschäftigen. Aber dann will ich wenigstens am Samstag mehr von ihm haben ...«

Der Eheberater ignoriert die Zusatzwünsche der Frau und fragt zurück.

Kontrollfrage des Eheberaters an die Frau: »Angenommen, die Samstage bleiben, wie sie sind, aber Ihr Mann würde seine Überlegungen wahr machen und sich Ihnen während der gemeinsamen Mahlzeiten intensiver widmen; angenommen, er würde Sie an Sonntagen zu Mittag in gemütliche Lokale einladen, mit einem Spaziergang danach – wäre das für Sie ein akzeptabler Schritt in Richtung einer Erneuerung Ihrer Partnerschaft? Würden Sie sich freuen?«

Antwort der Frau: »Eigentlich hätte ich auch gerne die Samstage für uns beide verplant ...«

Zweite Kontrollfrage des Eheberaters an die Frau: »Ich verstehe Sie gut, doch wurde vorläufig keine Samstagsmöglichkeit zur Diskussion angeboten. Im Moment geht es um die Möglichkeit, das gemeinsame Essen zu einer Zeit der Begegnung umzugestalten, mit besonderem Akzent auf dem Sonntag Mittag.«

Antwort der Frau: »Ja doch, auch darüber würde ich mich freuen.«

Kontrollfrage des Eheberaters an den Mann: »Wie sieht es bei Ihnen aus? Wäre Ihnen mit einem ungestörten Sonntag Nachmittag geholfen?«

Antwort des Mannes: »Zweifellos! Nur reicht der Sonntag Nachmittag in Stoßzeiten nicht aus. Der Arbeitsanfall ist sehr verschieden, und schließlich muss ich am Ball bleiben und mich auch noch fortbilden ...«

Der Eheberater ignoriert die Zusatzwünsche des Mannes und beharrt auf seiner Linie.

Zweite Kontrollfrage des Eheberaters an den Mann: »Die Frage war nicht, ob Ihnen der Sonntag Nachmittag ausreicht, sondern ob es eine Erleichterung Ihres ehelichen Zusammenlebens darstellen würde, wenn Ihre Frau am Sonntag Nachmittag, falls nötig, auf partnerschaftliche Aktivitäten verzichten würde, um Ihnen ein ungestörtes Aktenstudium zu ermöglichen?«

Antwort des Mannes: »Na klar, das wäre himmlisch!«

Stufe III

Frage des Eheberaters an den Mann: »Sie haben vom Ausbau der Mahlzeiten gesprochen und insbesondere vom sonntäglichen Mittagessen. Darf ich Sie jetzt fragen, ob Sie zu diesem Ausbau bereit sind? Ob Sie künftig versuchen wollen, bei den gemeinsamen Mahlzeiten gedanklich mehr bei Ihrer Partnerin als im Büro zu sein? Ob Sie den Restaurantbesuch und Spaziergang am Sonntag, entgegen Ihren bisherigen Gewohnheiten, tatkräftig umzusetzen gedenken? Wollen Sie dies tun?«

Antwort des Mannes: »Versuchen kann ich es ja.«

Zweite Frage des Eheberaters an den Mann: »Ich meine nicht einen halbherzigen Versuch, sondern eine durchtragende Bereitschaft. Angenommen, Ihre Frau nörgelt und stört weiterhin bei Ihrer Arbeit, genau wie bisher. Sind Sie trotzdem willens, sich ihr während der Mahlzeiten bewusst zuzuwenden, ihr mehr Aufmerksamkeit zu schenken, ihr dabei menschlich ein bisschen näher zu sein?«

Antwort des Mannes: »Wenn Sie mich so fragen, sage ich Ja. Schließlich machen wir hier keine Feilscherei. Sie ist meine Frau und hat ein Anrecht auf eheliche Kommunikation. Ich bin bereit, mich in dieser Hinsicht zu bessern.«

Frage des Eheberaters an die Frau: »Sind auch Sie geneigt, Ihrem Mann zuliebe auf die Sonntag Nachmittage zu verzichten und, wenn es sein muss, ihn ungestört gewähren zu lassen? Sind Sie selbst dann noch dazu bereit, wenn er beim Mittagessen wortkarg gewesen sein sollte wie eh und je? Wollen Sie ihm Wochenende für Wochenende diese paar Stunden ruhige Heimarbeit aus tiefstem Herzen gönnen?«

Antwort der Frau: »Wenn wir am Sonntag zum Mittagessen ausgehen und ich vormittags nicht zu kochen brauche und wenn wir gar danach eine Wanderung machen, fällt mir das leicht. Aber ich verstehe schon: wenn ich zusage, dann nicht als Bezahlung für's Mittagessen, sondern für ihn. Also, an mir soll es nicht liegen. Solange mein Mann in seinen Beruf noch so eingespannt ist, sollen ihm die Sonntag Nachmittage gehören!«

Der Eheberater drückt beiden Personen seine Anerkennung für ihre selbstgewählten positiven Vorhaben aus und entlässt sie mit einem Termin zur Fortsetzung des Beratungsgespräches in drei bis vier Wochen.

Die Ergebnisse bei Anwendung dieses Fragen-Schemas in der sinnzentrierten Familientherapie sind verblüffend effektiv.

Zwei Beobachtungen wurden dabei gemacht. Zum einen wissen fast alle Ehepaare, welche eigenen »Sünden« den Partner belasten bzw. welche eigenen Veränderungen den Partner glücklich machen würden (Stufe I). Es wird kaum daneben geraten. Zum anderen genügt das jeweilige Angebot des Partners den wenigsten (Stufe II). Nach dem Motto: »Wem man den kleinen Finger reicht, der will die ganze Hand« versuchen sie, mehr für sich herauszuschlagen. Darauf darf sich der Eheberater nicht einlassen. Ein sinnzentriertes Gespräch zentriert sich eben nicht um die Forderungen der Partner aneinander, sondern um dasjenige, was sich jeder selbst sinnvollerweise abfordern soll, zu keinem anderen Zweck, als um auszudrücken, dass ihm seine Ehe noch wert und wichtig ist.

Eine weitere Beobachtung ist die, dass befragte Familienmitglieder der Frage des Eheberaters auszuweichen und von sich auf den Partner abzulenken pflegen. Hier ein typisches Beispiel:

Frage des Eheberaters an den Mann: »Sehen Sie eine Möglichkeit, die Stimmungslage zwischen Ihnen und Ihrer Frau zu verbessern, wenn Sie abends von der Arbeit heimkommen und kühl empfangen werden?«

Antwort des Mannes: »Nun, ich sagte ja schon: Wenn meine Frau nicht andauernd im Haus putzen würde, wäre sie abends nicht so abgespannt und misslaunig ...«

Der Eheberater darf auf eine solche Antwort nicht eingehen, indem er mit dem Mann über den Putzfimmel von dessen Frau weiterspricht, sondern muss ihn zur Ausgangsfrage zurückdirigieren. Die Frage lief darauf hinaus, welche Möglichkeiten *der Mann* habe, die Heimkehrsituation zu harmonisieren, und nicht, welche Möglichkeiten seine Frau habe. Konkrete Möglichkeiten seiner Frau sind mit *der Frau* zu diskutieren und nicht mit ihm. Es gilt die »goldene Regel«, dass jedes Familienmitglied auf die Spur *seiner* sinnvollen Möglichkeiten gesetzt wird und nicht nach den sinnvollen Möglichkeiten anderer Familienmitglieder zu fahnden hat.

Noch eine letzte Beobachtung aus der Psychotherapie: Echte Partnerschaft gelingt nur zwischen Menschen, die auch ohne Partner leben können. Oder mit anderen Worten: Wer *ohne* Partner nicht gut leben kann, kann auch *mit* Partner nicht gut leben. Beziehungsstörungen und das Nicht-allein-leben-Können haben verwandte Wurzeln in der schwach ausgeprägten Selbstständigkeit und nachhinkenden Reife der Person.

Eine Person, die nicht allein leben kann oder glaubt, es nicht zu können, tendiert dazu, ihren Partner als »Krückstock«, »Animateur«, »Klagemauer«, »Prellbock« etc. zu benutzen. Sie klammert sich vielfach an den Partner, wie man sich an Krückstöcken festhält, aber sie lässt ihn auch fallen, wenn sie seiner nicht mehr bedarf, wie man einen überflüssig gewordenen Krückstock in die Ecke wirft, sobald man allein gehen kann. Beides produziert Beziehungsstörungen.

Dieser Tendenz unselbstständiger und unreifer Personen ist entgegenzuhalten, dass man einen Menschen niemals und unter keinen Umständen zum »Mittel zum Zweck« degradieren darf. Folglich lautet der optimale Rat an beziehungsgestörte Personen, dass sie erst einmal zu lernen haben, in seelischer Balance allein zu leben, um partnerschaftsfähig zu werden. Wenn sie sich allein im Leben zurechtfinden und dann jemanden treffen, den sie lieben und mit dem sie auf freiwilliger Basis zusammenrücken, dann geschieht dieses Zusammenrücken nicht mehr, weil sie den anderen zum eigenen Gleichgewicht benötigen, sondern weil sie sich ihm innerlich verbunden fühlen – an Stelle der Benutzung und

Ausnutzung eines Menschen steht dann die Verbundenheit mit ihm.

So kann es auch in mancher zerrütteten Partnerschaft heilsam sein, eine Zeit lang auseinanderzurücken, was keinesfalls gleich eine Scheidung bedeutet, sondern eine Chance zur Selbstbesinnung. Es kann heilsam sein, um allein zu leben, sozusagen »in die Wüste zu gehen« und im Angewiesensein auf sich selbst Abstand zu allem Klammern und Fordern, Kritisieren und Manipulieren zu gewinnen. Nicht selten ist danach wieder eine würdige menschliche Begegnung möglich, aber nur, wenn jeder wirklich »in der Wüste war«. Wer sich zwischendurch auf die Schnelle mit einem Ersatzpartner »getröstet« hat, dessen Fähigkeit zu echter Partnerschaft ist »trostlos« verkümmert.

Das zeitbegrenzte Sich-in-die-Stille-Zurückziehen von Konfliktpartnern hat einen zusätzlichen Vorteil. In Konflikten, wenn einer sich über den anderen ärgert, tritt nämlich zunehmend eine Beeinträchtigung der Wahrnehmungskapazität bei den Beteiligten ein, wodurch sie in Gefahr geraten, »Wahrnehmungstäuschungen« zu unterliegen. *Friedrich Glasl* zählt folgende psychische Konfliktfolgen auf[20]:

Beim Konfliktpartner werden manche Dinge schärfer und andere gar nicht gesehen. Bedrohliches wird deutlicher gesehen. Störende Eigenschaften des Gegners fallen auf, gute Eigenschaften des Gegners werden übersehen oder bagatellisiert. Ereignisse werden verzerrt und oft verdreht wahrgenommen. Vielseitige und komplexe Dinge werden simplifiziert wahrgenommen. Kurz, es wird nur noch das gesehen, was der eigenen Meinung und dem eingeschliffenen Denkmuster entspricht, das heißt bestehende Vorurteile scheinen bestätigt zu werden und verfestigen sich … Im Laufe der Zeit schieben sich zwischen die Streitenden immer mehr die Bilder, die sie sich voneinander gemacht haben, und verstellen den Blick auf die wahre Person.

Menschen in Beziehungskrisen dürfen also eigentlich das von ihnen an ihrem Gegenüber Wahrgenommene nicht mehr unbedingt für wahr nehmen. Sie müssen mit »optischen Täuschungen« der Seele rechnen und sich geistig davon ein Stück freistrampeln. Da kann eine »Wüstenerfahrung« helfen, die Vorurteilsbilder zum Verblassen und die Urvertrauensbilder wieder zum Erwachen zu bringen.

Friedrich Glasl hat in seinen Schriften glaubhaft und anschaulich belegt, wie aus verhärteten Feindbildern allmählich eine Eskalationsrutsche in den gemeinsamen Abgrund werden kann. Das Rutschen geht immer schneller, nicht nur bei Dingen, auch bei Menschen in Konflikten. Ihr gegenseitiger Hass steigert sich, während ihre moralischen Hemmschwellen sinken; ihre gegenseitigen Fehlinterpretationen wachsen rasant, während ihre Toleranzspielräume schrumpfen; ihre kognitive Kurzsichtigkeit vermehrt sich um Dioptrien, während ihre Ideale dahinpurzeln ... Am Ende sausen beide Gegner Hand in Hand in den Abgrund. Dieses letzte Stadium der Rutschpartie beschreibt *Friedrich Glasl* wie folgt[21]:

Die feindlichen Parteien sehen keinen Weg mehr zurück. Die totale Konfrontation zielt auf die endgültige Vernichtung des Gegners. Es genügt, dass wenigstens eine Partei bereit ist, hemmungslos bis zum Äußersten zu gehen, und kein Mittel der Zerstörung mehr scheut, auch wenn dies zur Selbstvernichtung führen sollte. Es kann sogar im eigenen Untergang insofern ein Triumph erlebt werden, als der Gegner mit in den Abgrund gerissen wird.

Der Text stammt aus einer Zeit, als das Wort »Selbstmordattentat« noch nicht in aller Munde war. Doch hat es – zumindest im symbolischen Sinne – immer schon Selbstmordattentate gegeben, im Rampenlicht der Politbühne genauso wie im Dunkeln der Familien.

Die einzige wirkliche Notbremse auf der Eskalationsrutsche ist die – wenn es sein muss, einseitige! – finale Vorleistung, wie sie *Mahatma Gandhi*, *Martin Luther King*, *Mutter Teresa*, der *Dalai Lama* u. a. großartig praktiziert haben. Nur mit einem freiwilligen (akausalen) Gewaltverzicht kann man eine Gewaltspirale noch stoppen. Nur mit einem völlig »verrückten« Vorschuss an Liebe kommt man noch gemeinsam aus dem Abgrund, bevor er Freund und Feind verschlingt. Nur mit dem *einen* Flügelchen, das uns zuerteilt ist, können, wenn es sein muss, *zwei* Konfliktpartner – zwar nicht fliegen, aber – der Hölle entrinnen. Um wie viel leichter springen sie von der Eskalationsrutsche, wenn beide gleichzeitig zur Notbremse greifen.

Ich kannte ein Ehepaar, das wegen aufgehängter Fotos wütend miteinander stritt. Die Fotos enthielten idyllische Bergaufnahmen, die der Ehemann bei Touren mit seiner verflossenen Freundin geknipst hatte; teilweise war diese Freundin auf den Fotos mit abgebildet, wenn auch kaum sichtbar. Die Ehefrau wetterte, die Fotos müssten von den Wänden verschwinden, sonst werde sie ausziehen. Der Ehemann verspottete ihre Aufregung als »lächerlich« und versteifte sich darauf, die Fotos wegen der schönen Landschafts- und Bergblicke behalten zu wollen. Die beiden zeigten sich stur, schrieen sich an, schwiegen sich an, beleidigten sich gegenseitig, wo immer sie Gelegenheit dazu fanden, und insgeheim weinten sie auch.

Eines Tages fanden sie in einem meiner Bücher das Konzept der finalen Vorleistung. Sie gingen einige Tage damit schwanger, dann nahmen sie einen neuen Anlauf. Der Mann überreichte seiner Frau einen Blumenstrauß. »Wofür ist der?«, fragte sie ihn. »Zur Wiedergutmachung«, sagte er. »Ich hätte dich nicht verspotten sollen.« »Hör zu«, antwortete die Frau, »ich habe mich eifersüchtig und dumm benommen. Du darfst deine alten Fotos hängen lassen.« »Das ist sehr lieb von dir«, meinte der Mann. »Aber meine Ex-Freundin braucht wirklich nicht in unserem Wohnzimmer verewigt zu werden. Ich habe eine Idee: Ich werde auf den Fotos kleine getrocknete Alpenblüten über ihre Abbildung kleben.« »Das wirst du tun?«, fragte die Frau fassungslos vor Staunen. »Gewiss«, strahlte der Mann, »und ich habe noch eine Idee. Wie wäre es, wenn wir zwei unseren nächsten Urlaub in den Bergen verbringen und dort eigene Fotos schießen würden? Die am besten gelungenen tauschen wir dann in den Rahmen aus.« »Damit bin ich einverstanden«, nickte die Frau. »Ich habe zwar ein bisschen Angst in den Bergen, aber mit deiner Hilfe werde ich sie überwinden.« Der Mann drückte seine Frau ganz fest an sich, und beide waren glücklich. Die Rutsche – war leer.

Ihr Beispiel sei zur Nachahmung empfohlen.

Zusammenfassung

1. Konflikte sind nicht dadurch lösbar, dass man nach ihren Verursachern fahndet. Wenn einer dem anderen Schuld zuschiebt, werden die Gräben zwischen den Kontrahenten noch größer.
2. Konflikte sind einzig und allein durch (eher unlogische) »finale Vorleistungen« der Einzelnen lösbar. Sie bedürfen eines Vorschusses an Liebe.
3. Man vergesse nie: »Wir sind die Engel mit nur einem Flügel ...« (L. de Crescenzo). Niemand ist ohne Fehl und Tadel, niemand hat nur Recht.
4. Partner/innen sind keine »Mittel zum Zweck«. Wer nicht allein leben kann, muss es lernen, ehe er sich bindet.

Problem 5: Unerfülltes Leben

Die Sehnsucht nach Sinn

Wolfgang und Louise Jilek-Aall, Professoren an der Universität von British Columbia im kanadischen Vancouver, haben in den 80er Jahren des vorigen Jahrhunderts breitangelegte soziologische Untersuchungen an den Volksstämmen der nordamerikanischen Indianer und der Eingeborenen Papua-Neuguineas durchgeführt. Sie wollten wissen, warum diese Völker »dahinsiechen« und vom Aussterben bedroht sind, obwohl sie heutzutage staatlich gefördert werden und zahlreiche Vergünstigungen genießen. Das Ergebnis war, dass diese Völker ihre überlieferten und kulturellen Werte verloren haben, was sich bei ihnen in Form einer »anomischen Depression« auswirkt. Sie können fremde, ihnen übergestülpte Wertvorstellungen nicht einfach übernehmen, und ihre eigenen, verlorenen, nicht mit modernen Warengütern und technischen Geräten kompensieren. Der Volkswerte entblößt, schmilzt das Sinnerleben der Einzelnen dahin, ihre Riten und Traditionen werden ent-sinnt.

Zum Beispiel waren die Tänze der Indianer zu den Zeiten ihrer Vorfahren religiöse Akte, in denen die Gottheit angefleht oder ihr gedankt worden ist. Heute tanzen die jungen Indianer auch noch, aber für den Fremdenverkehr, und wenn sie damit fertig sind, halten sie den Hut auf. Selbstverständlich ist nichts gegen einen Gelderwerb einzuwenden, nur macht das Beispiel deutlich, wie sich der Sinngehalt von Riten banalisieren und reduzieren kann. *Wolfgang und Louise Jilek* schrieben in ihrem Resümee[22]:

Anomische Depression ist ein Sinnvakuum (nach Frankl), symptomhaft charakterisiert als dysphorischer Zustand existenzieller Frustration mit überwältigenden Gefühlen der Entmutigung, Erniedrigung und Selbstentwertung, im Zusammenhang mit kulturellem Orientierungs- und Identitätsverlust. Anomische Depression ist oft maskiert durch somatisierte Beschwerden oder durch aggressives Ausagieren unter Alkoholeinfluss. An anomischer Depression leiden heißt, zu leiden an einem Leben, das in seiner sozio-kulturellen Dimension als inhaltsleer empfunden wird.

Als ernste Folgen des Wertverlustes und Sinnvakuums wurden also 1. das Somatisieren (bis hin zum »Sterben wegen Kleinigkeiten«) und 2. das aggressive Ausagieren (bis hin zum »einander Erschlagen wegen Kleinigkeiten«) beobachtet, was die enge Verzahnung zwischen dem geistigen Sinnerleben, der psychischen Affektlage und der körperlichen Widerstandskraft beim Menschen beweist. In der Tat kranken (laut *Jileks*) die o.g. Völker und einstigen »Naturkinder« heute hauptsächlich daran, dass sie von jeder Grippe und sonstigen Infektion hinweggerafft werden bzw. dass sie sich in grundlosen Massakern gegenseitig ausrotten.

In unserem Kulturkreis ist die anomische Depression auch nicht unbekannt, allerdings wird sie nicht als solche diagnostiziert, sondern in den Riesentopf der Depressionen mit eingerührt. Sie tritt zum Beispiel bei älteren Personen auf, die vom Wertewandel unserer sich rasch verändernden Epoche betroffen sind, ähnlich den von der Modernisierung überrollten Eingeborenen. Es ist ein populäres Phänomen, dass Menschen nach dem Verlust ihrer beruflichen und familiären Aufgaben körperlich und seelisch regredieren. Bei den Männern in unserer Kultur fällt dies häufig mit ihrer Pensionierung zusammen, mit dem so genannten »Pensionierungsschock«, bei den Frauen eher mit dem Erwachsenwerden ihrer Kinder, dem so genannten »Leere-Nest-Syndrom« und dem Beginn der Menopause, dem so genannten »Klimakteriumsschock«.

Genaugenommen verursachen aber weder die Pensionierung noch die Entlastung von der Mutterschaft oder das Klimakterium zwangsläufig einen Schock. Das alles sind normale Stationen im Leben, die durchaus ihr Gutes haben. Es ist vielmehr die gewissen Ereignissen und Abschieden nachfolgende Sinnleere und Unausgefülltheit, die eine Lebenskrise heraufbeschwört. Kann der neue Lebensabschnitt hingegen mit neuen Sinnrealisationen (der alten und immer noch gültigen Wertvorstellungen – diesbezüglich geht es uns besser als den Naturvölkern!) gefüllt werden, dann bekommen jene Ereignisse und Abschiede einen positiveren Stellenwert. Sie datieren dann rückblickend als Anfang einer geschenkten Freiheit für die nächsten Aufgaben. Und das Bewusstsein, noch (sinnvollen) Aufgaben zu dienen, hat lebensverlängernde und krankheitsverhütende Wirkung, wie *Viktor E. Frankl* in seiner Kasuistik überzeugend dargelegt hat.

Nun sind in unserem Kulturkreis nicht nur ältere Personen deprimiert, weil ihnen ein »Dasein für etwas oder für jemanden« fehlt und ihre Sehnsucht nach Sinn im Leben ungestillt bleibt. Hinter einer Reihe von seelischen Entgleisungen (»Midlife-crisis«, »Nullbock-Mentalität«, »Workaholic-Verhalten« u. a.) steckt ein Sinnvakuum, in welches apathische oder exaltierte Symptome hineinwuchern, für die sogar der Ausdruck »Vakatwucherungen« geprägt worden ist. Es bedarf daher entsprechender therapeutischer Anstrengungen, um Menschen instand zu setzen, ihren jeweiligen Daseinssinn zu finden, der – aus Sicht der Logotherapie[23] – objektiv vorhanden und somit findbar ist, in jeder Lebenssituation, wie sie auch beschaffen sein mag.

Der Wille zum Sinn ist ein subjektiv Geistiges, und der Sinn selbst ein objektiv Geistiges; zumindest ist er insofern objektiv, als es ja darum geht, ihn zu »finden«, und keineswegs etwa, ihn zu »geben«. Ebenso kann es nur an der Objektivität des Sinnes gelegen sein, dass er jeweils entdeckt werden muss und nicht erfunden werden kann.

Überlegen wir, wie es geschehen kann, dass jemand keine sinnvolle Aufgabe für sich entdeckt, und benutzen wir ein Gleichnis. In einem Wald wachsen essbare Pilze. Trotzdem ist ein Anwohner des Waldes frustriert, weil nie Pilze auf seinem Speisezettel aufscheinen. Wieso?

Erklärung 1:
Der Anwohner glaubt nicht daran, dass Pilze im Wald wachsen. Deshalb sucht er auch nicht danach.

Erklärung 2:
Der Anwohner glaubt, dass Pilze im Wald wachsen, scheut aber die Mühe, sie zu suchen und zu pflücken.

Erklärung 3:
Der Anwohner glaubt, dass Pilze im Wald wachsen, traut sich aber nicht zu, sie unter den vielen Gewächsen am Boden zu erkennen.

Erklärung 4:
Der Anwohner glaubt, dass Pilze im Wald wachsen und nimmt sich vor, sie zu sammeln. Er lässt sich aber von anderen Vorhaben ablenken und verschiebt seinen Waldbesuch immer wieder.

Gewiss gäbe es noch weitere Erklärungen, doch treffen diese vier besonders gut ins Schwarze der angeschnittenen Problematik. Menschen scheitern bei ihrer Sinnsuche aus Hoffnungslosigkeit (1), Verantwortungslosigkeit (2), Orientierungslosigkeit (3) und Initiativelosigkeit (4). Wie stehen die Chancen, ihnen zu helfen? Versuchen wir eine kleine Synopsis von Theorie und Praxis.

Der Scherbenhaufen einer 50-Jährigen

Zur Hoffnungslosigkeit:

Der Pädagoge *Wolfgang Brezinka* schrieb in einer Abhandlung über *Friedrich Nietzsche* die folgenden interessanten Zeilen[24]:

Nietzsche hat die europäische Kultur- und Seelengeschichte der Neuzeit als Entwicklung vom christlichen Gottesglauben über die Aufklärung mit ihrem Glauben an Vernunft, Wissenschaft und Fortschritt und über deren romantische Gegenbewegung zum Pessimismus und Nihilismus beschrieben. »Ohne Gott ... allein zu leben«, sei schwer zu ertragen: »Die Verdüsterung, die pessimistische Färbung kommt notwendig im Gefolge der Aufklärung.« Seine Prognose aus den 80er Jahren des 19. Jahrhunderts lautete: »Jede rein moralische Wertsetzung ... endet mit Nihilismus: dies für Europa zu erwarten! Man glaubt mit einem Moralismus ohne religiösen Hintergrund auszukommen: aber damit ist der Weg zum Nihilismus notwendig.« Nietzsche fügte auch gleich den Grund dafür an, warum »Skepsis an der Moral« eintritt, sobald sie nicht mehr mit dem Glauben an Gott und seine Sanktionen verbunden ist: »In der Religion fehlt der Zwang, uns als wertsetzend zu betrachten.«

Es ist eigenartig, eine philosophische Prognose aus der Warte der Psychotherapie zu bestätigen, aber hier ist es möglich. Der von Nietzsche offenbar visionär vorausgesehene Pessimismus als Folge durchschnittener metaphysischer Rückbindung schlägt sich bei den Menschen unserer Zeit und Kultur nieder. Sie, die wenig Halt im Glauben an eine höhere Kraft und Ordnung haben, spüren tatsächlich plötzlich den Zwang, sich selbst als wertsetzend zu betrachten, und sind damit seelisch überfordert. Zwar können sie »was sie wollen« als wertvoll setzen, solange es nicht mit den Staatsgesetzen kollidiert, dafür aber ist es gleich-gültig, was sie als wertvoll setzen, weil nichts von übergeordneter (»ewiger«) Gültigkeit ist. Die Beliebigkeit raubt allem seinen Sinn. Es ist, als würde den Menschen angeboten, so viele Pilze, wie sie wollen, in den Wald hineinzutragen, damit sie nachher welche darin suchen und finden können.

Wenden wir uns einem praktischen Beispiel zu. Eine 50-jährige Frau ist seit 26 Jahren mit einem erfolgreichen Unternehmer verheiratet. Ihr Sohn, 24 Jahre alt, studiert in einem anderen Bundesland. Die Frau lebt in einer hübschen, geräumigen Villa, fühlt sich aber unerfüllt und von niemandem gebraucht. Aus Langeweile geht sie eine Liaison mit einem jüngeren Mann aus asozialen Verhältnissen ein, der sie gehörig ausnutzt. Ihr Ehemann deckt den Sachverhalt auf und stellt sie zur Rede. Die Frau projiziert die Gesamtschuld auf ihn und macht ihm demütigende Szenen, woraufhin er die Scheidung einreicht.

Die Frau beginnt, wie eine »Löwin« um eine möglichst vorteilhafte Scheidung zu kämpfen und beschäftigt eine Gruppe von gewiegten Anwälten. Es ist, als ob ihre ganze brachliegende Energie in dieses Gerangel um materielle Güter, Hausbesitzanteile usw. fließen würde, ja, als ob sie endlich wieder eine Aufgabe hätte, wenn auch nur eine vorübergehende und fraglich sinnvolle. Schließlich gewinnt sie den Prozess und darf in der hübschen Villa wohnen bleiben. Ihr Mann, der auszieht, wird zur Zahlung einer hohen Unterhaltssumme an sie verpflichtet. Sie hat, rein äußerlich gesehen, jetzt ihre Freiheit, sich einzulassen, mit wem sie will, sie hat die finanzielle Annehmlichkeit, um die sie gekämpft hat, und sie ist den Mann losgeworden, der ihrer Auffassung nach an der Misere schuld ist. Ist sie zufrieden? Nein. Sie mischt giftiges Pflanzenschutzmittel in ein Glas mit Cognac, trinkt es und wird nur wie durch ein Wunder vor dem Tod gerettet. Dabei zieht sie sich eine schwere körperliche Schädigung zu, die ihr chronische Magen-Darm-Beschwerden beschert. Neben der medizinischen Versorgung wird eine logotherapeutische Behandlung eingeleitet. Sie kommt zu mir.

Soweit die Geschichte der Patientin. Man könnte im Anschluss an das Vorherige sagen: die Geschichte einer Person, die sich – nirgendwo eingebunden – ihre Werte selbst gesetzt und dadurch in eine hoffnungslose Lage manövriert hat. In den Wald hineingetragene Pilze schmecken eben nicht ...

Bei suizidalen Patienten geht es in erster Linie darum, dass sie wieder Hoffnung schöpfen. Hoffnung worauf? Die Antwort für diese Patientin muss lauten: Darauf, dass sie, so wie sie ist, in ihrem Alter, mitsamt ihren Beschwerden und trotz des familiären »Scherbenhaufens« im Rücken, Möglichkeiten hat, sinnvoll in die Welt hineinzuwirken. Hoffnung darauf, dass es nicht egal ist, was sie tut, sondern dass etwas davon abhängt für ihre Mit- und Umwelt. Und Hoffnung vor allem darauf, dass eine Aufgabe in personaler Exklusivität für sie bereitliegt, erkennbar und vorfindlich, wenn sie bloß danach Ausschau hält.

Im Zuge gemeinsamen Ausschau-Haltens sondieren wir zunächst den »Scherbenhaufen«, und es zeigt sich, dass manch kostbares Stück darunter ist. Die Liaison mit dem jüngeren Mann war im Kern weniger ein ehelicher Fehltritt, als vielmehr der missglückte Versuch, einen »Asozialen« aus dem Sumpf zu holen. Da ist Wertvolles dabei: die Hilfsbereitschaft gegenüber den Schwachen. Auch eine weitere »Scherbe« sieht vielversprechend aus: Die Frau hat bewiesen, dass sie um ein Recht kämpfen kann und hat sich mit einer Fülle juristischer Feinheiten bestens vertraut gemacht. Wir halten die beiden »Scherben« aneinander, und siehe da: sie passen zueinander, fügen sich in Gedanken bereits zu einem herrlichen Ganzen. Die Gemeinde am Wohnort der Patientin sucht Freiwillige zur Betreuung von Asylanten, jenem fast rechtlosen Strandgut unserer Zeit, das mit seiner sozialen Not allen über den

Kopf wächst. Wer solidarisiert sich mit diesen Schwachen und Ärmsten? Wer hat Zeit und Geld, sich für sie einzusetzen und notfalls ungewöhnliche Wege dabei zu beschreiten? Wer kennt zudem seelisch-körperlichen Schmerz aus eigener Erfahrung und vermag sich daher problemlos in fremde Schmerzen einzufühlen?

Die Patientin verabschiedet sich aus unserem Gespräch mit einem neu erwachten Ausdruck in ihren Augen, als stünde darin geschrieben: »Ich!« Es ruft gleichsam aus ihr heraus: »Ich bin gemeint!« Von wem gemeint? Vielleicht ist es ihr nicht voll bewusst, dass sie von einem objektiven, »höheren« Sinn gemeint ist, doch jedenfalls ist »der Zwang, sich selbst als wertsetzend zu betrachten«, inzwischen gelockert. Die Asylanten, die ihrer Unterstützung bedürfen, sind »vorfindlicher« Wert genug.

Zur Verantwortungslosigkeit:

Verantwortlich sind wir *für* relative Dinge und *vor* einem Absoluten. Leider neigen wir aber dazu, Relatives zu verabsolutieren. *Viktor E. Frankl* warnte davor, sich in relativen Dingen zu verankern[25]. Sie sind gemäß ihrer Rangordnung tapfer hinzugeben, um zur Fülle des Lebens vorzustoßen.

So paradox es auch klingen mag: Die Dinge sind wert – geopfert zu werden. Der Opfer-sinn macht den eigentlichen Eigen-wert der Dinge aus. Und das, was letztlich den Preis eines Dinges bestimmt, das ist die mögliche Preisgabe an das jeweilige Höhere, letztlich an das Höchste – »zum Preise«, »zum höheren Ruhme« Gottes. Und wenn Mephistopheles im »Faust« meint: »Alles, was besteht, ist wert, dass es zugrunde geht« – so brauchen wir dieses Wort nur zu variieren, um es gelten zu lassen: Der Wert dessen, was besteht, besteht darin, geopfert werden zu können um eines Höheren willen, dem Höchsten zuliebe – ihm geopfert zu werden auf die Gefahr hin, dabei zugrunde zu gehen.

Dieses ist der Endsinn des Opferns: erst der Opfernde gibt dem Geopferten Sinn, gibt ihm einen Wert, gibt ihm den Preis: Sinngebung ist Preis-gabe. Nicht was ich behalte, behält Wert; sondern was ich opfere, erhält Wert ...

Und was tut derjenige, der den Dingen die Opfersinngebung verwehrt, derjenige, der nicht Verzicht leisten und kein Opfer bringen will? Er bricht aus der Rangordnung der Werte etwas heraus – er verselbstständigt einen Wert. Der Mensch etwa, der nicht verwinden kann, dass er etwas verlieren musste – oder aber es gar nicht gewinnen konnte: warum verzweifelt er? Weil er nicht zulassen will, dass das, was er verloren hat, eben nur »Platzhalter« war für das jeweils Höherwertige oder gar für den Höchstwert, für die absolute Wertperson, »für den Herrn«.

Verantwortungslos handeln heißt oft, den Dingen die Opfersinngebung zu verwehren bzw. etwas aus der Rangordnung der Werte herauszubrechen und zu verselbstständigen. Wer zum Beispiel tatenlos zuschaut, wie ein Mädchen von Straßenrowdies in eine finstere Gasse gezerrt wird, der bricht seine eigene Sicherheit aus der Rangordnung der Werte heraus, anstatt sie zu opfern für ein Höheres, für das Leben des Mädchens. Auch bei harmloseren Gelegenheiten können wir jene »Verwehrung der Opfersinngebung« bei Menschen beobachten, zum Beispiel, wenn sie Wochenenden ausschließlich vor dem Bildschirm vertrödeln. Unterhaltung und passives Vergnügen wird dann aus der Rangordnung der Werte herausgebrochen und verselbstständigt, anstatt hingegeben zu werden für eine kreative Freizeitgestaltung.

Wir verstehen, das kritische Sinnvakuum ist nichts anderes als eine totale Annullierung der Rangordnung der Werte und parallel dazu ein Verschwinden der Bereitschaft, etwas zu opfern oder auch nur, sich zu bemühen. Nach Pilzen im Walde suchen? Keine Spur – sie haben fertig zubereitet ins Haus gebracht zu werden! Ins Sinnvakuum hinein wuchern die Selbstsucht und die Jagd nach Lust. Da aber »nicht, was ich behalte, Wert behält«, erzeugt das Haschen nach einem bequemen Leben ein immer armseligeres Leben.

Kehren wir zu unserem Beispiel zurück. Das Gerangel um ein möglichst vorteilhaftes Abschneiden beim Scheidungsverfahren hat der Patientin seelisch mehr geschadet als gedient. Nun sitzt sie in der geräumigen und wohl ausgestatteten Villa, von teuren Dingen umringt, und nichts hat Sinn. Die Villa ist keine Wohnstätte einer glücklichen Familie. Sie ist kein Treffpunkt von einander zugetanen Menschen. Sie ist ohne Leben, und in ihrer Atmosphäre schwingt noch die Bitterkeit der monatelangen bösen Auseinandersetzungen nach. Sollen die Dinge wieder ihren Wert erhalten, müssen sie geopfert werden. Und so sprechen wir in einem weiteren logotherapeutischen Gespräch über das Opfer.

Es stellt sich heraus, dass die Frau zu gewissen materiellen Verzichten in der Lage wäre, aber eines zu opfern fällt ihr verflixt schwer: ihren Stolz. Dennoch ist es notwendig, dass sie noch einmal Kontakt zu ihrem geschiedenen Mann aufnimmt. Es gilt, manches zu bereinigen, manches zu ent-schulden (auf beiden Seiten), manches zuzugeben und zurückzugeben, es gilt, sich selbst preiszugeben um eines Höheren willen – um des Friedens für alle Beteiligten willen, einschließlich des Sohnes.

Beim Thema »Sohn« fließen Tränen, aber es sind gute Tränen, die den falschen Stolz hinwegschwemmen. Ja, dem Sohn zuliebe soll die Villa wieder ein Ort werden, an dem Menschen würdig miteinander umgehen. Allein schon dieses Vorhaben verändert ihre Atmosphäre im Positiven.

Zur Orientierungslosigkeit:

Jene Annullierung der Rangordnung der Werte, von der die Rede war, leistet nicht nur verantwortungslosem Handeln Vorschub. Sie bringt auch sittlich sensible Personen ins Dilemma, »prioritätsunsicher« zu werden. Wer jedoch seine Prioritäten falsch postiert, gerät erst recht in Gefahr, mit seinem Gewissen zu kollidieren, wodurch sich leicht ein »Teufelskreis« zwischen Entscheidungsdruck und vermeintlicher Unfähigkeit, sich angemessen zu entscheiden, einschleift. Woran kann man sich dann noch orientieren?

Daran: Jeder trägt ein Urbild von dem, der er werden soll, im Herzen. Das Bild trügt nicht. Die therapeutische Kunst besteht darin, einen Menschen mit seinem inneren Urbild zu verbinden.

Blenden wir erneut unser Fallbeispiel ein. Der Selbstmordversuch der Patientin war das Ergebnis einer tiefen Verzweiflung. Verzweiflung worüber? Erst werden die oberflächlichen Schichten bearbeitet. Was ihr der Ehemann an Kummer zugefügt hat. Langsam geht es in tiefere Schichten hinein. Was ihr das Leben an Freude versagt hat. Welche Prinzessinnenträume nie wahr geworden sind. Schließlich tritt die tiefste Ehrlichkeit zutage. Verzweiflung über sich selbst. Was sie aus sich hätte machen können und nicht gemacht hat. Die Frau, die sie nicht geworden ist. »Ich wollte mich aus Enttäuschung über mich töten«, bekennt die Patientin. Sie bildet keine Ausnahme. *Enttäuschung über sich* ist eines der häufigsten Selbstmordmotive und zugleich eines der absurdesten. Denn ein Ich, das sich selbst aller zukünftigen Entfaltungschancen beraubt, steigert nur sein Enttäuschendsein.

»Sie wollten ein enttäuschendes Ich verewigen?«, frage ich behutsam nach. »Nein, ich wollte es vernichten!«, begehrt die Patientin auf. »Die Wahrheit ist nicht zu vernichten«, argumentiere ich. »Das Ich, als das Sie aus dieser Welt scheiden, bleibt Ihr wahres und end-gültiges Ich; niemand und nichts kann es nach Ihrem Tode mehr korrigieren.« Das Urbild der Patientin flackert auf, und wir sprechen über das Ich, als das sie lieber in die ewige Wahrheit eingehen würde. Es ist ein aufgeschlossenes Ich voller Fantasie und Sinn für Ästhetik. »Um zu diesem Ich heranzuwachsen, werde ich noch einige Zeit brauchen«, erklärt sie am Ende unseres Dialogs mit einem leisen Lächeln. »O ja«, antworte ich, »und genau dies hat Ihnen der Himmel trotz Ihrer Verzweiflungstat gnädig gewährt: einige Zeit ...«

Auf einmal ist die Orientierung wiederhergestellt, und die Prioritäten erscheinen klar.

Zur Initiativelosigkeit:

Zweierlei genügt nicht in der Psychotherapie: 1. das Verständnis des Therapeuten als Methode, und 2. die Einsicht beim Patienten. Was das Verständnis des Therapeuten anbelangt, so sei ein weises Wort von *Walter Braun*, Professor der Pädagogik an der Universität Mainz, zitiert[26]:

Denn Erziehung muss den Menschen lehren, wie er mit der Welt korrespondiert und nicht mit sich selbst. Deshalb brauchen wir kein Verstehen als Methode, das doch nur immer den Menschen thematisiert und ihn dabei verliert, wohl aber brauchen wir ein Verständnis für das In-der-Welt-Sein, weil das sinneröffnend ist.

Dieses Wort ist übertragbar auf die psychotherapeutische Situation, in der ein analoges Verständnis für das In-der-Welt-Sein (das »Im-Wald-Sein der Pilze«) beim Therapeuten erforderlich ist, um auf seinen Patienten überspringen zu können.

Was aber die Einsicht beim Patienten anbelangt, so wird sie meistens deshalb als ungenügend deklariert, weil sie zu kopflastig sei und den Emotionalbereich nicht tangiere. Dagegen lässt sich einwenden, dass es traurig wäre, wenn wir stets auf die passende emotionale Stimmung warten müssten, um vernünftig handeln zu können.

Der Grund, warum eine Einsicht allein nicht genügt, ist ein anderer: sie muss sich *mit einer Initiative vereinen*, um wirksam zu werden! Einsichten sind in unserer Metapher wie naturkundliche Landkarten, in denen die besten Standorte der Waldpilze eingezeichnet sind. Die Landkarten haben nichts mit dem Aufbruch eines Menschen zu tun. Doch *wenn* ein Mensch zum Pilzesammeln aufbricht, lassen sie ihn nicht im Stich. Ähnlich werden für jeden Patienten, der sich zur Ergreifung von Initiativen aufrafft, die im therapeutischen Prozess gewonnenen Einsichten zur zielweisenden Wegmarkierung. Umgekehrt muss nüchtern festgehalten werden, dass ein Patient, der keine Initiativen ergreift, therapieresistent ist, und dies trotz denkbar klügster Einsichten, die ihm vermittelt worden sein mögen.

Auch in unserem Fallbeispiel hat sich vieles für meine Patientin geklärt. Jetzt ist ihre Zukunft in ihre Hand zurückgelegt. Wird sie sich als Freiwillige zur Betreuung von Asylanten melden und die aufreibende Arbeit durchhalten? Wird sie ihren geschiedenen Ehemann kontaktieren, um ihm einen »Schlussstrich in Frieden« anzubieten, im Interesse der eigenen Würde und des gemeinsamen Sohnes? Wird sie schließlich die Enttäuschung über sich selbst zum Anlass nehmen, um eine andere Frau zu werden, eine, die mit ihrem Herzensurbild in Einklang steht? Ich glaube schon.

In der Landkarte »Einsicht« ist eingezeichnet, wo ihr gegenwärtiger Lebenssinn zu finden ist: in der Liebe zu Fremden, in der Liebe zu Nächsten und in der Liebe zu sich selbst. Jetzt liegt alles bei ihr und ihrer Initiativkraft.

Das Leiden am unerfüllten Leben ist kein psychisches, sondern ein geistiges Problem. Und ein Problem des Geistes kann nur der Geist lösen.

Ziehen wir Bilanz. Drei »V« bereiten den Boden für Neurosen und reaktive (= nicht endogene, d. h. organisch bedingte) Depressionen vor: *Vakatwucherung*, *Vergötzung* und *Verlust an Urvertrauen*.

Der Begriff »Vakatwucherung« bezeichnet das soeben erläuterte Hineinwuchern seelischer Krankheiten in ein Sinnvakuum. Neurotische Störungen beanspruchen einen geräumigen Platz im Leben eines Menschen, was voraussetzt, dass von vornherein Platz für sie da war: ein überflüssiges, unausgeschöpftes Kontingent an Zeit, Konzentration und Spannung.

Bei reaktiven Depressionen ist es nicht anders. Auch für sie muss ein geräumiger Platz im Leben eines Menschen vorhanden sein. Nur dass bei ihnen jenes Vakuum dadurch entstanden ist, dass ein Wert, der diesen Platz zuvor innegehabt hat, verloren gegangen ist. Auf dramatische Weise ist ein »Loch« ins Leben gerissen, eine Verwirklichungschance aus dem Machbaren entfernt, die persönliche Freiheit um ein spürbares Stück beschnitten worden. Die Unwiederbringlichkeit des Verlorenen erzeugt jenes Vakuum, in das die reaktive Depression hineinwuchert.

»Vergötzung« ist der Fachausdruck für das Wirrwarr an Einseitigkeit, Fixierung, Fanatisierung, Reduzierung, Isolierung und Symbiotik, das neurotische Strebungen kennzeichnet. Man setzt auf das Eine, man braucht das Eine, man klammert an dem Einen, man erträgt das Leben nicht ohne das Eine, man ist abhängig von dem Einen. »Ohne dich kann ich nicht sein« – welch krankhafter Liebesschwur! »Wenn ich die Arbeitsstelle nicht behalte, ist alles aus« – welch größenwahnsinniger Anspruch an das Schicksal! Derlei Vergötzung bildet die Wiege der reaktiven Depression. Das Du oder die Arbeitsstelle müssen bloß noch abhanden kommen, und die

Depression entsteigt der Wiege und erwächst zum Begleiter auf Lebensdauer.

»Verlust an Urvertrauen« ist schließlich der Name des »V's« mit dem stärksten Tiefgang. Da im Irdischen alles verlierbar ist, gibt es nur eine metaphysische Geborgenheit – oder keine. Der geborgene Mensch ist nie allein. Dafür fühlt sich der nicht geborgene Mensch auf eine infernalische Weise allein. Er ist der Alleingelassene schlechthin, das »verlassene Kind«, dessen Elend sein gesamtes Erwachsenen-Dasein durchtönt. Jede Zurückweisung, die er erfährt, ruft ihm glühenden Schmerzes seine Verlassenheit in Erinnerung. Jeder Misserfolg, den er erntet, drückt ihn noch traumatischer in die Verlassenheit hinein.

Wir wissen, Einsamkeit kann etwas Wunderbares sein: ein fruchtbarer Anstoß zur inneren Sammlung, eine Gelegenheit zur meditativen Lebensschau in Ruhe und Stille. Eine Phase der Einsamkeit kann die Seele streicheln ..., doch tut sie nichts dergleichen mit der Psyche des Neurotikers, dessen unentwegtes Verlassenheitsgefühl den Rang einer Katastrophe hat.

Widerfährt ihm nun ein unabänderliches Leid, so ist ihm die heilsame Trauerarbeit in Stille verwehrt. Es ist ihm die Zuflucht in die Einsamkeit, in der er genesen würde, versperrt. Er würde dort sein Leid nicht »übergeben«, etwa in »Hände«, größer als die seinen, sondern er würde im Unvermögen, auf solche »Hände« zu vertrauen, mit dem glühenden Schmerz nackt und allein dastehen wie eh und je; die Chiffre seiner Lebenskatastrophe hätte sich lediglich potenziert. *Das* geschieht in der reaktiven Depression.

Man könnte die reaktive Depression folglich definieren als den Gang in die zerstörerische Wüste. Es ist nicht jener Gang in die Wüste, der ins »Gelobte Land« führt bzw. hilft, sich auf Wesentliches zu besinnen, sondern es ist der Gang in den langen und langsamen Tod. Ein Mensch will nicht mehr. Er kapituliert vor dem Schicksal. Er gibt den Kampf auf und resigniert auf allen Linien. Er hat keine Energie mehr. Er sieht keine Zukunft mehr. Er beachtet keine Werte mehr. Er ist fertig mit sich und seinem Leben. Was jetzt werden soll? Es interessiert ihn nicht. Lesen wir dazu einen Text von *Viktor E. Frankl*[27]:

Das Schicksal, das also, was uns widerfährt, lässt sich demnach auf jeden Fall gestalten – so oder so. »Es gibt keine Lage, die sich nicht veredeln ließe, entweder durch Leisten oder durch Dulden«, sagte Goethe. Entweder wir ändern das Schicksal – sofern dies möglich ist –, oder aber wir nehmen es willig auf uns – sofern dies nötig ist. Innerlich können wir in beiden Fällen an ihm, am Unglück, nur wachsen. Und jetzt verstehen wir auch, was Hölderlin meinte, wenn er schrieb: »Wenn ich auf mein Unglück trete, stehe ich höher.«

Bezugnehmend auf diesen Text ist festzustellen: Der reaktiv Depressive ist nicht mehr bereit, sein Schicksal zu gestalten. Warum nicht? Er ist nicht »willig, es auf sich zu nehmen«, sofern dies nötig ist. Er tritt nicht auf sein Unglück, und deshalb tritt sein Unglück auf ihn, wird er davon niedergetreten, niedergewalzt und überrollt.

Wie kann da Beistand geleistet werden? Freunde und Bekannte bemühen sich oft, den Depressiven von seinem Kummer abzulenken und auf restliche, intakte Bereiche seines Lebens hinzulenken. Die Resultate sind bescheiden. Das, was den beiden erstgenannten »V's« gegenläufig wäre, kann faktisch nur *vor* einem Unglück eingeleitet werden, aber kaum mehr *nach* einem Unglück!

Vor dem Einbruch des Schicksals kann und soll ein Sinnvakuum aufgefüllt werden. *Vor* dem Abbruch der Spitze einer Wert-»pyramide«, also eines einseitigen Wertsystems bei einem Menschen, der einen einzelnen Wert an die oberste Spitze platziert und nahezu anbetet, kann und soll dieses Wertesystem erweitert und angereichert werden. Solange noch etwas Bedeutung hat im Leben, solange das Leben selbst noch Bedeutung hat für den Betreffenden, ist jener elastisch genug, sich neuen und zusätzlichen Bedeutungen zu öffnen. Derjenige, der nach dem Einen giert, kann auf Parallelfährten gesetzt werden. Derjenige, der an dem Einen hängt, kann auch noch an ein Zweites und Drittes angekoppelt werden. Aber derjenige, der das Eine verloren hat, das die ganze Bedeutung seines Lebens für ihn ausmachte, ist nicht in der Stimmung für »Ersatz« oder Aufbau eines Neuen und Anderen; er verweigert Suche und Ankoppelung vehement. *Nach* erfolgtem Unglück ist es für jedwede Werteauffüllung zu spät. *Nach* einem erfolgten Unglück zehrt der Mensch von noch bestehenden tragenden Werten aus der Vorunglückszeit, oder er versinkt in reaktiver Depression.

Wie kann dann Beistand geleistet werden? Werfen wir einen Blick auf das dritte »V«, den Verlust an Urvertrauen, der einen Wertverlust ins Unerträgliche steigert. Wir sind schon in das Geheimnis eingeweiht, dass Urvertrauen nicht total verlierbar ist. Es schlummert von Zeugung an im geistig Unbewussten der Person, um in ihrer Kindheit aufzuwachen und sie auf den Rhythmus der Vorsehung einzuschwingen. Aufgewacht leitet es sie, indem es ihre Einwilligung ins Geleitetwerden hervorlockt. Es synchronisiert ihren freien Willen mit dem Durchwaltetwerden von einem höheren Willen. Beim Erwachen mischt es sich jedoch mit anderen Bewusstseinsinhalten und kann von solchen, wenn sie nihilistisch oder misstrauisch gefärbt sind, überlagert und verschüttet werden. Das verschüttete und scheinbar verloren gegangene Urvertrauen fällt in den Schlaf des geistig Unbewussten zurück, und die Einwilligung der Person ins Geleitetwerden, die Synchronisation ihres Willens mit einem übergeordneten Willen lockert sich oder löst sich auf.

Daraus wird zweierlei deutlich: 1. Urvertrauen ist ein Wertempfinden (besser: *das* tragende Wertempfinden) aus der Vorunglückszeit! Deshalb kann das Urvertrauen auch *nach* einem erfolgten Schicksalsschlag noch reaktiviert werden. 2.

Urvertrauen schafft »Einwilligung«, und nichts wird zur Abheilung reaktiver Depressionen dringender benötigt als dies. Hieß es doch im oben zitierten *Frankl*-Text, auf ein unabänderliches tragisches Schicksal verweisend: »... oder aber wir nehmen es willig auf uns ...«.

Beistand kann somit geleistet werden, indem das unbewusste Urvertrauen einer Person wieder zum Bewusstsein erweckt wird. Gelingt das, verflacht sich die Vergötzung, und die Vakatwucherungen können sanft zurückgedrängt werden.

Die Auferstehung einer 60-Jährigen

Ein Fallbeispiel soll die Theorie ins Praktische übersetzen. Eine 60-jährige Frau wurde vom Arzt mit der Diagnose »reaktive Depression nach Tod des Ehemannes« an mich überwiesen. Sie kam mit den unübersehbaren Anzeichen der seelischen Erstarrung eines Menschen, der »nicht mehr will«.

Da man mit vor Schmerz erstarrten Menschen einzig über den Inhalt ihres Schmerzes sprechen kann, bewegte sich unser Gespräch um den von dieser Frau erlittenen Verlust. Wie ich erfuhr, haftete dem Verlust ein besonderer »Stachel« an, der in ihrer Brust steckte. Ihr Mann war kräftig und vital gewesen. Vor einigen Wochen hatte er sich einem kleinen operativen Eingriff unterziehen müssen, der in der Regel komplikationslos verläuft. Dabei hatte sein Körper auf ein relativ harmloses Medikament mit Herzstillstand reagiert, was angeblich unter hunderttausend Patienten einmal vorkommt. Eine Reanimation misslang. Der Haken am Ende des Stachels hieß: »Warum musste ausgerechnet mein Mann der Eine unter hunderttausend Patienten sein? Warum hat der Zufall gerade ihn gewählt und mitten aus dem Leben gerissen, ihn, der immer gesund war und noch viel Schönes vom Leben gehabt hätte?«

Warum der Zufall etwas tut – eine interessante Frage. Verstandesmäßig nicht zu beantworten, wartet sie auf eine Antwort aus dem Urvertrauen heraus, die der Mensch selber geben muss. *Viktor E. Frankl* beharrte auf dem philosophischen »Primat der Antwort gegenüber der Frage«, wie er es formulierte[28]:

Das Leben selbst ist es, das dem Menschen Fragen stellt. Er hat nicht zu fragen, er ist vielmehr der vom Leben her Befragte, der dem Leben zu antworten – das Leben zu verantworten hat. Die Antworten aber, die der Mensch gibt, können nur konkrete Antworten auf konkrete Lebensfragen sein. In der Verantwortung des Daseins erfolgt ihre Beantwortung, in der Existenz selbst vollzieht der Mensch das Beantworten ihrer eigenen Fragen.

Das scheinbar paradoxe Primat der Antwort gegenüber der Frage gründet sich auf dem Sich-Erfahren des Menschen als eines je schon Befragten. Aber der religiöse Mensch erlebt das Dasein nicht nur als konkrete Aufgabe, sondern als persönlichen Auftrag – der an ihn ergeht von einem persönlichen, ja überpersönlichen Wesen. So sieht er denn die Aufgabe transparent, nämlich auf die Transzendenz hin; er allein kann trotzdem Ja zum Leben sagen unter allen Bedingungen und Umständen – trotz alledem: trotz Not und Tod.

Wenn es mithin glücken sollte, der Patientin den »Stachel« aus der Brust zu ziehen und ihr zu helfen, »trotzdem Ja zu ihrem Witwen-Dasein zu sagen«, müsste sie eine sinnvolle Antwort auf ihr Schicksal finden. Mehr noch: Könnte sie darüber hinaus den grausamen Zufall, der ihr völlig unerwartet den Mann genommen hat, als *persönlichen Auftrag* deuten, könnte sie dahinter eine *auf die Transzendenz hin transparente Aufgabe* vermuten, wäre sie unter allen Bedingungen und Umständen wieder – geborgen.

Wir machten uns gemeinsam an die Entdeckung von Antwort und Auftrag. Hier die Ergebnisse unserer »Entdeckungsreise«, die fünf Sitzungen erfordert hat.

Ergebnis 1:
Eine langjährig gute Ehe und Partnerschaft erleben zu dürfen, ist ein enormes Privileg. Zu erhoffen, auch noch (auf natürliche Weise) zur selben Zeit wie der Ehepartner aus dem Leben scheiden zu dürfen, wäre »vom Schicksal« zu viel verlangt – dieser verständliche Wunsch Liebender erfüllt sich kaum.

Ergebnis 2:
Sofern sich dieser Wunsch nicht erfüllt, was eben die Norm ist, muss der Überlebende einen Zeitabschnitt des Alleinlebens »ableisten« (unabhängig davon, ob er sich vielleicht später wieder mit jemandem verbindet oder nicht). Selbst wenn er dem Toten innerlich sehr nahe bleibt, »fällt« ihm die Aufgabe »zu«, zunächst mit Hilfe eigener Ressourcen den Alltag zu meistern.

Ergebnis 3:
Im Falle meiner Patientin ist diese Aufgabe *ihr* »zugefallen« und nicht ihrem Mann, obwohl sie stets die Schwächere, Zartere und Unsichere gewesen ist, und er der Starke, Selbstsichere, Fürsorgliche. Sie hatte sich in der Ehe an ihn angelehnt. Sie hatte ihn gerne bestimmen lassen, was unternommen wurde. Ihr war es recht gewesen, dass er alle Angelegenheiten für sie beide geregelt hatte. Konnte es sein, dass sie eine etwas unreife und unselbstständige Persönlichkeit war, die sich nicht hatte weiterentwickeln müssen, weil der Partner ihre fehlende Kraft kompensiert hatte und eingesprungen war? Die Patientin stimmte zu.

Ergebnis 4:
Was kann ein Mensch im Leben maximal erreichen? Doch wohl nur dies: dass er seine ausgewogenste Form entwickelt.

Dass er eine Seinsstufe erklimmt, auf der das Beste, das in ihm glimmt, aus ihm herausleuchtet.

Wer in der Ehe der Patientin hatte nun ein solches Maximum annähernd erreicht, sie oder ihr Mann? Es war gar keine Frage. *Er* hatte das Leben in vollen Zügen genossen. *Er* hatte seine Frau treu umhegt. *Er* hatte klug gewirtschaftet ... Er war zu einer »goldenen« Identität vorgedrungen. Und sie? War sie nicht irgendwo auf ihrem Weg stehengeblieben, irgendwo in ihrem Reifeprozess steckengeblieben, knapp unterhalb jener Seinsstufe, die ihre beste, ihre »goldene« sein konnte? Die Patientin bekannte sich dazu.

Ergebnis 5:
Wenn aber ihr Ehemann bereits erreicht hatte, was im Leben überhaupt erreichbar ist, während man von ihr dasselbe nicht behaupten konnte, war es dann so falsch, was der »Zufall« gefügt hatte? War es dann so sinnlos, dass ihr (und nicht ihm) der Abschnitt des Alleinlebens und Selbst-für-sich-sorgen-Müssens aufgezwungen worden war? Oder enthüllte sich darin ihre einzige und letzte Chance, doch noch mit großer Anstrengung auf jene Seinsstufe hinaufzuklettern, die ihr eigentlich entsprach?

Auf den Punkt gebracht: Konnte aus dem Faktum, dass *sie* die Überlebende in der Partnerschaft war, am Ende sogar ein *persönlicher Auftrag* herausgelesen werden, Versäumtes nachzuholen und in ihrer Persönlichkeit nachzureifen? Die Patientin verschloss sich diesem Aspekt nicht. »Es wäre ganz im Sinne meines verstorbenen Mannes«, äußerte sie. »Er hat mich immer ein wenig lebenstüchtiger sehen wollen. Aber wie packe ich es an?«

Darüber sprachen wir in den darauf folgenden fünf Sitzungen, doch das war nicht das Entscheidende. Entscheidend war, dass ein reaktiv Depressiver, der fragt: »Wie packe ich es an?«, seine Depression (nicht zu verwechseln mit seiner Trauer!) längst zur Seite gelegt hat.

Runden wir das umfassende und ungemein wichtige Thema »Urvertrauen« ab. Es ruht auf den beiden erörterten Säulen. Die eine ist der Glaube an die absolute Integrität des Selbst, an den unversehrten und unversehrbaren Personenkern in sich selbst. Dieser Glaube ist das Heilmittel zur Überwindung von Urangst, wie bei den Angststörungen diskutiert. Die zweite Säule ist der Glaube an das Eingebettetsein des Selbst in einen divinen Gesamtplan, was auch noch die Zufälle, die auf das Selbst einwirken und dessen Entfaltung in bestimmte Bahnen dirigieren, mit einschließt. Dieser Glaube ist das Heilmittel zur Überwindung von reaktiver Depression und »Schicksalsunwilligkeit«.

Es ist zu beobachten, dass Patienten, die (unabhängig von ihrer konfessionellen Religionszugehörigkeit) diese beiden Säulen in ihrem weltanschaulichen Gebäude stehen lassen bzw. neu errichten, gegen die elementarsten Bedrohungen seelischen Gleichgewichts gefeit sind, als da sind: Todesangst und Todessehnsucht. Diese Patienten sind ein Stück befreit – für den Himmel. Denn »Himmel« ist, wenn das durch uns Geschehene positiver ist als das uns Geschehene; und »Hölle« ist, wenn das durch uns Geschehene negativer ist als das uns Geschehene. Wobei ich auf das berühmte *Frankl*-Wort anspiele[29]:

... im Tode ist der Mensch ... sein gelebtes Leben; er ist seine eigene Geschichte, sowohl die ihm geschehene als auch die von ihm geschaffene. Und so ist er auch sein eigener Himmel und seine eigene Hölle, je nachdem.

Ohne Todesangst und ohne Todessehnsucht ist es leichter, Negatives auszuhalten und Positives in die Welt zu schaffen.

Zusammenfassung

1. Ein Sinnvakuum belastet sowohl die psychische Affektlage als auch die körperliche Immunlage.
2. Sinn kann nicht erfunden, sondern nur gefunden werden. Der Mensch ist nicht der »Macher« von Sinn.
3. Sinn kann angesichts jeden Schicksals gefunden werden, wie eine Lebenslage auch beschaffen sein mag. In Lebenslagen, die nicht mehr gestaltbar sind, ist das würdige Tragen des Schicksals eine sinnvolle Alternative.
4. Irdische Werte dürfen nicht »vergötzt« werden, denn sie können alle verloren werden, wohingegen der Sinn bleibt.

Problem 6: Fliehende Zeit

Ziele für chronisch Kranke?

Auch über seelisch und körperlich stabilen Menschen schwebt das »Damoklesschwert« ihrer Endlichkeit und Vergänglichkeit. Insofern ist der Unterschied zwischen Gesunden und Kranken nicht sehr groß. Um es brutal auszudrücken, »Todeskandidaten« sind sie alle. Die Begrenztheit von Kraft und Zeit ist ihnen gemeinsam. Der Unterschied liegt lediglich darin, dass die Gesunden jederzeit krank, aber die Kranken nicht jederzeit gesund werden können, dass also ein Schritt in Richtung Tod voraussetzungslos möglich, ein Schritt in Richtung Leben hingegen nur unter speziellen Voraussetzungen möglich ist. Wie das Vergangene »gewisser« ist als das Zukünftige, so ist auch der Tod »gewisser« als das Leben, was sich kranken Menschen stärker verdeutlicht als gesunden.

Ob deshalb ihre Zielperspektiven von unterschiedlicher Art sein müssen, ist erst noch zu überlegen. Da auch die Gesunden keine Garantien für ein uneingeschränkt langes Leben haben, können sie ihre Lebenspläne nicht auf mehr Sicherheit stützen als die Kranken. Die Sicherheit, mit der sich ein Plan in die Tat umsetzen lassen wird, gründet einfach nicht in einer gegenwärtig stabilen gesundheitlichen Verfassung, die jederzeit ins Gegenteil umschlagen kann. Wenn sie irgendworin gründet, dann in der Kongruenz menschlicher Pläne mit dem, was »auf diese Menschen wartet«, mit dem »ihnen zugedachten Plan« für sie.

Wagen wir eine brisante These: Könnte es sein, dass auf kranke, vor allem chronisch und unheilbar kranke Menschen essenziell Anderes wartet als auf gesunde? Dass ihnen anderes vorgezeichnet und aufgegeben ist, vielleicht ein Lebenssinn von besonderer Qualität? Wägen wir diese These anhand von zwei Beispielen aus der Praxis ab.

Beispiel 1:

Einer meiner Patienten führte eine schlechte Ehe. Er suchte mich auf, um sich auszusprechen, oder besser gesagt, auszuklagen, denn er schimpfte zwei volle Stunden lang über seine Frau. Da es notwendig ist, stets auch die Gegenseite zu hören, vereinbarten wir einen Gesprächstermin für seine Frau. Doch bevor es so weit war, hatte das Ehepaar einen Auffahrunfall, bei dem die Frau aus dem Wagen geschleudert und schwer verletzt wurde. Sie blieb auch nach Monaten dauernder Behandlung teilgelähmt und hirngeschädigt und wurde zum Pflegefall.

Der berufstätige Ehemann brachte sie in einem Heim der Superklasse unter und hielt regelmäßig Kontakt mit ihr. Er besuchte sie jeden zweiten Tag, streichelte sie, las ihr aus Zeitungen vor, fütterte sie, wusch sie bei Bedarf und führte sie im Rollstuhl aus. Oft grübelte er mit einer Mischung aus Bedauern und Schuldgefühlen über seine frühere Ehe nach. Einmal tauchte er wieder bei mir auf, weil ihn diese Grübeleien nicht ruhen ließen. »Warum haben meine Frau und ich uns so schlecht verstanden?«, fragte er mich. »Warum haben wir uns ständig wegen lächerlicher Kleinigkeiten aneinander gerieben?«

Was kann man darauf erwidern? Es ist die alte Leier von den Blumen, die man während des Lebens verschenken soll, weil sie auf den Gräbern vergebens blühen. Aber noch war in diesem Fall Leben vorhanden, wenn auch behindertes Leben; und immerhin wurden in der Betreuung der behinderten Frau Blumen verschenkt, im wahrsten und im übertragenen Sinne. Das verdiente Betonung und Hervorhebung, und deshalb sprach ich von den »Blumen der Gegenwart«:

»Ich möchte, dass Sie eines bedenken«, begann ich. »Wenn Ihre Ehe glücklich gewesen wäre, wäre alles, was Sie jetzt für Ihre kranke Frau tun, selbstverständlich. Es wäre die logische Folge einer guten zwischenmenschlichen Beziehung. So jedoch ist das, was Sie tun, außergewöhnlich, eine erstaunliche Leistung. Denn Sie hätten jetzt die Möglichkeit, sich für die vielen kleinen Unstimmigkeiten mit Ihrer Frau zu rächen. Sie könnten sie – die jetzt Hilflose – büßen lassen, dass sie Ihnen früher mit Sticheleien oder Zurechtweisungen das Leben schwer gemacht hat. Das tun Sie aber nicht. Sie erfüllen Ihre Pflicht als Ehemann, unberührt davon, was einst zwischen Ihnen beiden an Differenzen gewesen ist. Das beweist innere Größe ... Und sehen Sie, Sie hätten diese innere Größe, die Sie besitzen, nicht nur niemals unter Beweis stellen können, wenn es anders gekommen wäre, Sie hätten auch nichts von ihr gewusst. Sie hätten gar nicht gemerkt, welch ethisches Potenzial in Ihnen wohnt. Nur in der Konstellation: schlechte Ehe, Unfall, dauerhafte Hilflosigkeit und Angewiesenheit Ihrer Frau auf Sie *und* liebevolle Fürsorge Ihrerseits für Ihre Frau, nur in dieser Konstellation hat sich Ihnen etwas offenbart, auf das Sie zurecht stolz sein dürfen.«

Der Mann hatte mir ergriffen zugehört. Als ich schwieg, rückte er näher an mich heran und flüsterte mir seine Entgegnung zu, als wäre sie ein Geständnis. »Wenn ich ehrlich bin«, flüsterte er, »ist es die innere Größe meiner Frau, die das alles bewirkt. Sie trägt ihr Schicksal gefasst und geduldig. Jedes Mal strahlt sie mich an, wenn ich in ihr Zimmer trete. Nie lässt sie eine schlechte Laune an mir aus. Ich weiß nicht, wie ihr das gelingt, aber sie beschämt mich mit ihrer Haltung dermaßen, dass ich mich von Tag zu Tag wandle, nach ihrem Vorbild. Das ethische Potenzial, von dem Sie sprechen, springt von ihr auf mich über wie ein Funke; ich fühle es.«

Beispiel 2:

Das zweite Beispiel, über das ich berichten möchte, betrifft einen 12-jährigen Jungen, der seit seinem 9. Lebensjahr an Leukämie erkrankt ist. Sein Vater ist Arzt. Ich traf diesen Vater anlässlich einer Ärztetagung, auf der wir miteinander plauderten. Als ich vom Schicksal seines Sohnes erfuhr, fragte ich ihn, ob es für ihn als Mediziner nicht extrem schwer sei, ein chronisch krankes Kind zu haben, dem er nur symptomlindernd helfen könne und bei dem er zuschauen müsse, wie es ihm progressiv schlechter gehe?

Der Arzt dachte darüber nach. »Ach«, meinte er schließlich, »manchmal kommt es mir so vor, wir haben durch unseren Sohn mehr gewonnen, als wir durch seine Krankheit verloren haben.«

Seine Aussage faszinierte mich. Ich bat ihn, mir seine Gedanken genauer darzulegen. Da erzählte er mir, dass seine Frau jahrelang (reaktiv) depressiv gewesen war. Doch seit dem 10. Geburtstag des kranken Sohnes sei sie wohlauf. Was war passiert? Sie hatte damals den Jungen gefragt, was er sich zum Geburtstag wünschte, und dieser hatte geantwortet: »Eine fröhliche Mutti, sonst nichts!« Händeringend hatte sie geschluchzt: »Wie kann ich fröhlich sein, wenn du krank bist?«, worauf der Junge erwidert hatte: »Aber Mutti, wenn ich mit meiner Leukämie lebe, dann kannst du das auch. Nimm meine Krankheit an, so wie du mich annimmst.« Die Mutter hat den Geburtstagswunsch ihres Sohnes erfüllt.

Das sei aber noch nicht alles, fuhr der Arzt fort. Auch die Geschwister und die Kinder in der Nachbarschaft hätten profitiert. Sie wären im Umgang mit seinem Sohn vernünftiger und reifer geworden. Sein Sohn hätte z. B. einen nagelneuen Fußball, den er nicht mehr heben oder anstoßen konnte, an ein Kind verschenkt, das, aus schlechtem Milieu stammend, von der Kindergemeinschaft ausgeschlossen gewesen war. Seither sei dieses Kind in der sozialen Hierarchie der Gemeinschaft gestiegen. Es wurde sogar gemocht. Man habe gelernt, Schwächere zu tolerieren, statt sie zu diskriminieren.

»Sie haben Ihre Frau erwähnt, und die Kinder, die als Gesunde von Ihrem kranken Sohn indirekt belehrt worden sind«, spann ich den Faden weiter. »Wie ist das mit Ihnen? Haben Sie auch einen Impuls durch Ihren Sohn erhalten?« »Ich?«, murmelte der Arzt verlegen. »Ich habe am meisten bekommen. Ich habe das Gebet wiedergefunden.«

Diese zwei Beispiele sind keine Ausnahmen, sondern stehen für viele. Was dürfen wir aus ihnen ableiten? Chronisch kranke Menschen haben zweifellos eine verstärkte Chance, einen »bekehrenden Einfluss« auf ihre mitmenschliche Umwelt auszuüben. Das Wort eines Betroffenen ist echt. Die Aussage eines Leidenden ist glaubwürdig. Die Passion eines Kranken verleiht ihm ein Gültigkeits-»zertifikat«, wie es kein Gesunder vorzuweisen hat. Würde ich selbst lauthals verkünden, dass man sich mit seiner Leukämie aussöhnen kann, würde ich mich schier lächerlich machen. Der 12-jährige Sohn des Arztes im 2. Beispiel vermochte diese Botschaft mit Leichtigkeit zu lancieren. Mutter, Geschwister, Nachbarskinder und sein Vater haben sie widerstandslos von ihm übernommen. Würde ich selbst mich hinstellen und behaupten, auch ein Leben mit Hirnschaden, halbseitiger Lähmung, Verurteilung zu Rollstuhl und Pflegeheim sei immer noch lebenswert, würden sich die Kritiker über mich mokieren. Die Frau des ratsuchenden Ehemannes im 1. Beispiel demonstrierte dies Tag für Tag ohne Wenn und Aber.

Es gibt offensichtlich Erkenntnisinhalte (»Weisheiten«), die nur von bestimmten Personengruppen überbracht werden können, weil sie anderen schlichtweg nicht geglaubt werden. Weil das so ist, sind jene begnadeten Personengruppen aufgerufen, die spezielle Chance, die in ihre Hände gelegt ist, zum Wohle aller zu nützen. Es könnte ein Lebenssinn sein, der ihnen – und ausschließlich ihnen! – zugedacht ist, denn wenn *sie* diese Chance nicht nutzen, kann kein anderer sie stellvertretend für sie ergreifen.

Viktor E. Frankl, der nach seiner Befreiung aus dem Konzentrationslager nie müde geworden ist, eine Kollektivschuld des deutschen Volkes zu verneinen, sagte einmal bei einem Vortrag sinngemäß: »Ein Jude muss bestätigen, dass es unter dem Nazi-Regime auch anständige und unschuldige Menschen in Deutschland gegeben hat und dass es Unrecht wäre, sie mit den unanständigen und schuldigen gemeinsam in Bausch und Bogen zu verdammen. Kein ›Arier‹ hat quasi die Legitimation, dies zu behaupten, jedem ›Arier‹ würde man sofort unterstellen, Greueltaten seiner Rasse beschönigen zu wollen. Nein, ein Jude, der unter den ›arischen‹ Henkersknechten gelitten hat, muss hingehen und es bestätigen. Dann wird die nächste Generation verstehen, dass es im Prinzip nur zwei ›Rassen‹ von Menschen auf Erden gibt: die anständigen und die unanständigen, und diese quer durch alle Völker und Kulturen, Gesellschaften und Nationen.«

Ähnliches hören wir von Fachleuten, die in der Suchtkrankenhilfe und Drogentherapie tätig sind. Wer darf mit Fug und Recht einem Alkoholkranken oder Heroinsüchtigen abverlangen, auf sein Suchtmittel zu verzichten und die Entzugserscheinungen tapfer auszuhalten? Derjenige, der nie abhängig war, hat keine Vorstellung, welchen Sturz in welches innere Martyrium er damit empfiehlt. Ein ehemals Abhängiger, ein Geretteter hingegen hat die volle Berechtigung, davon zu sprechen, dass der Sturz in den Horror des Entzugs allem zum Trotz lohnenswert ist, weil am bergenden Boden darunter die Freiheit eines menschenwürdigen Lebens winkt. Er, der Gerettete, kann Suchtkranken die Überzeugung vermitteln, dass Rettung möglich und sinnvoll ist.

Wir haben die brisante These gewagt, dass auf chronisch und unheilbar kranke Menschen essenziell Anderes warten könnte als auf gesunde, nämlich ein Lebenssinn von besonderer Qualität. An der Praxis geprüft, eröffnet sich diesbezüglich eine verblüffende Perspektive. Schwerkranke Menschen – und sie allein! – vermögen Zeugnis darüber abzulegen, wessen der Mensch geistig-seelisch fähig ist, und zwar noch unter den schwierigsten Bedingungen. Sie und ihre Angehörigen, die in einer nicht minder schwierigen Lage sind, können bezeugen, dass die innere Annahme des Unabänderlichen und der Friedensschluss mit der Welt und Überwelt erbringbar sind, sogar wenn das unaufhaltsame Fortschreiten des körperlichen Verfalls unverstehbar bleiben muss. Sie können, wenn sie ihr »Ja zum Leben« demonstrieren, tausend Gesunde, die am Leben verzweifeln möchten, durch ihr grandioses Vorbild mitreißen, und, wenn sie ihr Schicksal mutig durchtragen, tausend Ängstliche, die sich vor dem Leben fürchten, mit ihrem Beispiel anstecken. Chronisch Kranke und ihre Angehörigen können unsere besten Lehrmeister sein, die die Gesunden belehren, was die wahren Werte im Leben sind, eben nicht Leistung und Erfolg, Tüchtigkeit im Beruf oder teure Selbstverwirklichung um jeden Preis, sondern viel schlichtere Errungenschaften wie: das Management des Alltags, ohne sich zu grantigem Gemurre verleiten zu lassen, die Dankbarkeit für die kleinen Freuden, ohne sich vom Schmerz verbittern zu lassen, die Rücksichtnahme aufeinander, ohne die Geduld miteinander zu verlieren, und vieles mehr.

Wohin würde eine Gesellschaft von gesunden und vor Stärke strotzenden Menschen driften, wenn es die Kranken, Alten und Behinderten in ihr nicht gäbe – als Mahner zum Nachdenken über die wahren Werte des Lebens? In welch ungeheurer Selbstüberschätzung würde die Menschheit landen, hätte sie nicht Wächter des Wissens um die Beschränktheit und Ausgeliefertheit allen irdischen Daseins in denjenigen, die mitsamt dieser Beschränktheit und Ausgeliefertheit fantastische Jonglierakte an Lebensgestaltung vollbringen? Dass solcher »Seelenakrobatik« ein langer, von Krisen und Depressionen geschüttelter Prozess vorauszuschreiten pflegt, über den *Viktor E. Frankl* schrieb[30]: »Erst unter den Hammerschlägen des Schicksals, in der Weißglut des Leidens an ihm, gewinnt das Leben Form und Gestalt«, tut dem, was schließlich an Form und Gestalt dabei herauskommt, keinen Abbruch. Im Gegenteil, es verleiht jenen Wächtern einer zur Selbstüberheblichkeit neigenden Menschheit fast einen »Heiligenschein«: sie jedenfalls haben ihre kleinen Fehler und Ausrutscher unter den »Hammerschlägen des Schicksals« längst abgebüßt.

Die Praxis gibt uns einen eindeutigen Fingerzeig. Unheilbar Kranke sind gerufen und gebeten, zu bezeugen, dass das Leben *bedingungslos* lebens- und bejahungswürdig ist, denn niemand kann es ähnlich glaubhaft bezeugen. Sie sind gerufen und gebeten, es zu tun im Interesse aller, der Gesunden wie der Kranken, der Fröhlichen wie der Verzweifelten, denn zwischen Gesundheit und Krankheit, Glück und Leid sind nur hauchdünne Wände, von denen keiner weiß, wie lange sie stehen. *Das* ist der Lebenssinn besonderer Art für schwerkranke Menschen, und sämtliche individuellen Ziele, die sie sich setzen mögen, werden stets in Reichweite liegen, sofern sie mit diesem Ruf korrespondieren. Mag es sich um berufliche oder familiäre Ziele handeln, um Ausbildungsziele, Betätigungsziele, Freundschaftsziele, Erlebnisziele ... Für jedes dieser Ziele wird die Zeit und die Kraft vorhanden sein, deren es bedarf, um in Haltung und Ausstrahlung zu verkünden, dass die Zielanpeilung selbst ihren Eigenwert hat, weil es letztlich nicht um Erfolge und Trophäen im menschlichen Leben geht, sondern um die wahren Werte, die sehr einfach sind und trotzdem – das Eigentliche.

Man braucht kein langes Leben, um das zu bezeugen.

Ausflug in die Logo-Philosophie

Blicken wir zu einem beliebigen Zeitpunkt auf unsere gegenwärtige Lebenssituation, dann können wir sie stets aufgliedern in: 1. einen intakten Bereich, und 2. einen noch nicht oder nicht mehr intakten Bereich. Letzteren können wir wiederum aufgliedern in: a) einen änderbaren Teil, und b) einen unabänderlichen Teil.

Der *intakte Bereich* schenkt Anlass zur Freude und Dankbarkeit. In ihm stecken Erlebniswerte, die nicht unbemerkt vorüberhuschen sollten, etwa nach dem Motto: »Die Dinge haben sowieso intakt zu sein.« Bekanntlich kann sich das Blatt schneller wenden, als man denkt.

Der *änderbare Teil des nicht-intakten Bereichs* schenkt Anlass zur kreativen und engagierten Verbesserung der Dinge. In ihm stecken schöpferische Werte, die nicht aus Trägheit und Zögerlichkeit aufgeschoben werden sollten, etwa nach dem Motto: »Irgendwann werde ich mich darum kümmern.« Was heute noch änderbar ist, muss es morgen nicht mehr sein.

Der *unabänderliche Teil des nicht-intakten Bereichs* schenkt Anlass zum inneren Wachsen in Würde und Akzeptanz. In ihm stecken jene Werte, die einer heroischen Einstellung zum Unabänderlichen entspringen. Sie zählen zu den »höchsten« (in der Metapher: »Heiligenschein-«verleihenden) Werten, weil sie knapp an der Grenze des Sichabringbaren angesiedelt sind. Sollten wir uns zu ihrer Realisation aufschwingen, dürfen wir mit uns mehr als zufrieden sein.

Aber nicht nur zwischen intakt und nicht intakt, änderbar und unabänderlich ist zu unterscheiden. In der Logo-Philosophie *Viktor E. Frankls* wird der Mensch als ein Grenzgänger zwischen Möglichem und Wirklichem verstanden; immer am Scheideweg zwischen Sein-Könnendem und Seiendem; verantwortlich für das Sein-Könnende, das in seiner Macht steht, und konfrontiert mit Seiendem und mit Sein-Könnendem, das außerhalb seiner Macht steht. In Anlehnung an *Nicolai Hartmann* hat *Frankl* ein Zeitfluss-Modell entworfen[31], das ihm internationalen Ruhm beschert hat, und seinen Schülern und Nachfolgern ein exzellentes Instrumentarium liefert, sich und ihre Patienten mit der Flüchtigkeit und Vergänglichkeit des Lebens auszusöhnen.

Bilden wir dieses Modell zunächst in einer graphischen Skizze ab:

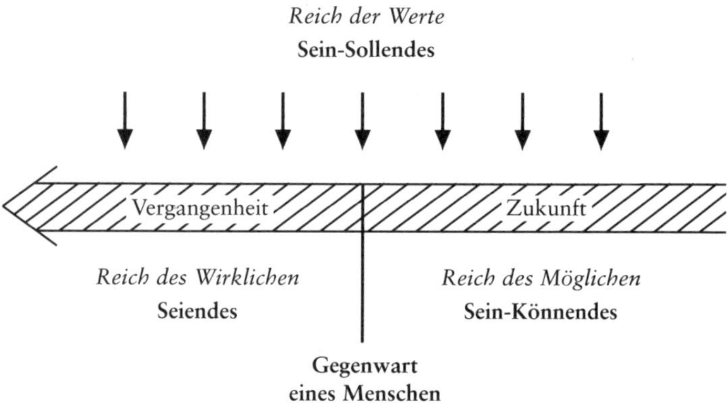

Abb. 7: Berühmtes »Zeitfluss-Modell« nach Viktor E. Frankl.

Es sticht ins Auge, dass der Zeitfluss im Modell von der Zukunft über die Gegenwart in die Vergangenheit hineinfließend gezeichnet ist und nicht umgekehrt. Seine Quelle ist das »Reich des Möglichen«, und es ist durchaus nachvollziehbar, dass alles, was entsteht, zuvor als Möglichkeit existiert haben muss. Kein Baum wäre im Wald entstanden, wäre das Keimen seines Samens an seiner Standstelle unmöglich gewesen. Kein Mensch wäre entstanden, wäre seine Empfängnis unmöglich gewesen.

Das »Reich des Möglichen« ist sonach definierbar als die Menge aller noch unverwirklichten Möglichkeiten der Welt.

Genau genommen ist es die Menge aller noch nicht verwirklichten Möglichkeiten, die einmal verwirklicht werden werden, plus der Menge aller unverwirklicht bleibenden Möglichkeiten (die niemals verwirklicht werden werden). Dieses »Reich des Möglichen« gleicht einer »Vorstufe des Seins«, welche die Amerikaner romantisch »prelude of being« (»Präludium des Seins«) getauft haben. Aus der Vorstufe kann sich Seiendes oder auch Nicht-Seiendes entwickeln, denn die Menge aller unverwirklicht bleibenden Möglichkeiten wird irgendwann einmal zu Nichts. Nur die Möglichkeiten, die verwirklicht werden, kommen ins Sein; mit ihrer Verwirklichung verwandeln sie sich allerdings von Möglichkeiten zu Wirklichkeiten. Unverwirklicht bleibende Möglichkeiten verlöschen, das heißt sie sind eines Tages nicht mehr möglich, sind keine Möglichkeiten mehr (vgl. Abb. 8). (Im PC-Zeitalter erklärt man den Laien schmunzelnd, dass die unverwirklichten Möglichkeiten dorthin wandern, wohin ein eingetippter Text wandert, wenn man irrtümlich die Lösch-Taste drückt ... ins Nichts!)

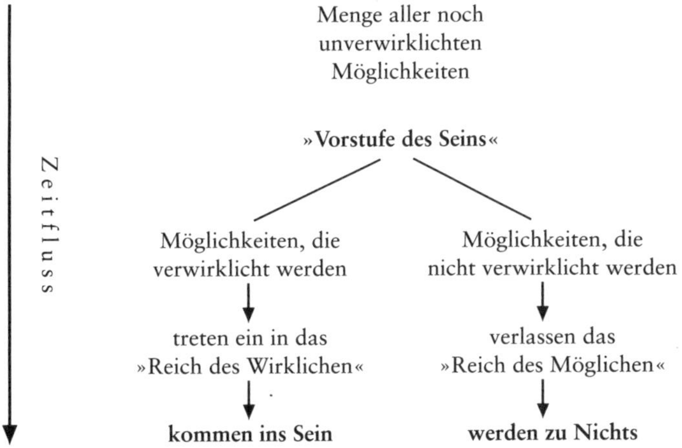

Abb. 8: Möglichkeiten kommen ins Sein oder werden zu Nichts.

Betrachten wir ein simples Beispiel. Ein junges Paar hat die Möglichkeit, ein Kind in die Welt zu setzen. Verwirklicht es diese Möglichkeit, kommt ein Kind (das zuvor als Möglichkeit »existent« gewesen ist) ins Sein. Das Kind wird zu einem Stück Wirklichkeit. Entscheidet sich das Paar nicht dazu, diese Möglichkeit zu verwirklichen, schwindet diese Möglichkeit eines Tages (spätestens, wenn einer der beiden Partner unfruchtbar geworden ist). Ein Kind der beiden ist dann auch als Möglichkeit nicht mehr »existent«. Kurzum, die Möglichkeit jenes bestimmten Paares, ein Kind in die Welt zu setzen, wird dann zu Nichts.

Es ist eine philosophische Skurilität, dass das Nichts ziemlich viel enthält, nämlich das Unmögliche (das nie als Möglichkeit »existent« war) plus allen unverwirklicht bleibenden Möglichkeiten (deren »Existenz« im Nicht-verwirklicht-Werden erlischt). Die Kinder, die nie hätten gezeugt werden können, sind sozusagen Einwohner des Nichts.

Zurück zum Zeitfluss. Er fließt eindeutig und unumkehrbar vom Möglichen zum Wirklichen. Schon haben wir anhand des *Frankl*schen Modells Neues gelernt: Nicht die Zeit flieht, nicht die Zeit ist flüchtig, wie es uns spontan dünken mag, sondern Mögliches ist flüchtig: es »flieht« vor dem Nichts und »drängt« zum Sein. Warum? Weil die Vorstufe des Seins instabil ist. Sie zerfällt ja im Zeitfluss, und nur das Seiende, das im Endeffekt Verwirklichte (eben ins Sein Gelangte) ist stabil. Es ist ein überaus faszinierender Aspekt, dass die Möglichkeiten das *einzig tatsächlich Vergängliche* sind, denn sie sind »existent« und trotzdem flüchtig (= ab einem gewissen Zeitpunkt nicht mehr »existent«).

Menschliches Leben tritt nun mit seiner Zeugung ins Sein ein, es wird von der Vorstufe zum Seienden hinübergehoben. Jetzt gehört es dem »Reich des Wirklichen« an, das alles umfasst, was jemals wirklich wahr geworden ist. Und da der Zeitfluss nicht retour fließt, wird das menschliche Leben nie mehr ins Mögliche zurückkatapultiert werden, kann es nie mehr zu

Nichts werden. Es kann zwar sterben. Es kann als Fötus bereits absterben, doch macht dies nicht ungeschehen, dass es ins Sein gekommen ist, dass es *war*. Was sich verwirklicht hat, hat sich verewigt – in der ewigen Wahrheit.

So sind unsere Taten und Sehnsüchte, unsere Freuden und Leiden, unsere Geschichte und unsere Identität aus der Seins-Wahrheit nicht mehr herauszuschneiden. Keine überdimensionale Schere stutzt die Wirklichkeit zurecht. Selbst das Vergessenwerden durch nachfolgende Generationen ändert nichts daran, dass das Gewesene *war*, wie es war; im Buch des Seins ist alles Seiende akribisch aufgelistet, von Anbeginn der Welt an. Da geht niemand verloren, die Fliege am Fenster nicht, und der Fötus im Mutterleib nicht. Es geht die geweinte Träne nicht verloren und der erfahrene Trost nicht.

Vor Jahren las ich eine bewegende Anzeige in einer örtlichen Zeitung. Dort stand geschrieben (Namen/Datum geändert):

Für Sophia,

die ihre Spuren in unseren Herzen
und auf dieser Erde hinterlassen hat,
obwohl »man« sagt,
sie habe ja noch nicht gelebt.

Sophia ..., geboren und gestorben
am 17. Februar 199x, 3230 g, 53 cm

Erich und Charlotte

Sophias Eltern haben intuitiv erfasst, dass ihre Tochter unwiderruflich ins Sein gekommen und darin geborgen ist. Keine diesseitige oder jenseitige Macht kann ihr das Da-(gewesen)-

Sein rauben, noch die Spuren tilgen, die auf ihr Da-(gewesen)-Sein zurückgehen. Und sind es Spuren der Liebe, die dieses Baby in die Herzen seiner Familie eingraviert hat, dann hat sein kurzes Da-(gewesen)-Sein einen wunderbaren Sinn erfüllt, der auf ewig mit seiner verwirklichten Existenz verbunden bleiben wird.

Wo liegt das »Reich der Werte«?

Das leitet uns zu dem dritten »Reich« im skizzierten Modell (Abb. 7) über, dem »Reich der Werte«. Nicht jede Möglichkeit aus dem »Reich des Möglichen« *soll* verwirklicht werden. Nicht jede ist des Eingehens ins »Reich des Wirklichen« wert. In der biblischen Saga hatte *Kain* die Möglichkeit, der Freund seines Bruders zu werden, und er hatte die Möglichkeit, der Mörder seines Bruders zu werden. Beide Möglichkeiten waren von ihm wählbar, aber sie waren nicht gleich wert, gewählt und also verwirklicht zu werden. Ein Sein-Könnendes muss kein Sein-Sollendes sein.

Das »Reich der Werte« lässt sich als die Menge dessen definieren, das sein und werden soll. (Theologisch könnte man es das »Gottgewollte« nennen.) Es ist überzeitlich, weil es den ganzen Zeitfluss begleitet und sich auf Mögliches und Wirkliches gleichermaßen bezieht. Die Möglichkeit *Kains*, seinen Bruder zu töten, war genauso eine nicht-verwirklicht-werden-sollende, wie ihre Verwirklichung eine nicht-gesollte war, ist und bleibt. Auch in Milliarden Jahren wird die Verwirklichung dieser Möglichkeit zu keiner gesollten werden.

Hier deutet sich eine gewisse Polarisierung von Verwirklichungswürdigem (= Sinnvollem) und Nichtverwirklichungswürdigem (= Sinnwidrigem) an, bei der die vielen Grautöne, die im Allgemeinen zwischen Weiß und Schwarz, Gut und

Böse schillern, weitgehend entfallen. Entweder ist eine Möglichkeit, die eine bestimmte Person in einem bestimmten Augenblick ihres Lebens besitzt, wert, ins Sein zu kommen, oder sie ist es nicht. Dieser Entscheidungsfrage ist der Mensch ständig ausgesetzt. Zum Beispiel ist es für ein einzelnes Paar zu einem gegebenen Zeitpunkt vernünftig und sinnvoll, ein Kind zu zeugen, oder das Paar würde besser damit warten bzw. darauf verzichten; dazwischen ist nicht viel Grauzone, noch Entscheidungsspielraum.

Man könnte einwenden, das »Reich der Werte« gäbe es objektiv gar nicht, es entspräche nur den subjektiven oder tradierten Meinungen der Leute. Das »Gottgewollte« sei im Grunde bloß die Spiegelung von »Menschengewolltem«. Oder wie lässt sich beweisen, dass eine Bruderfreundschaft die sinnvollere Variante ist als ein Brudermord? Vielleicht war es für Kain damals »sinnvoll«, sich seines Konkurrenten zu entledigen?

An diesem Problem scheiden sich die Geister, die Subjektivisten von den Objektivisten, die Nihilisten von den Idealisten. *Viktor E. Frankl* befindet sich mit seiner Logo-Philosophie jedoch in guter Gesellschaft. Die Mehrheit der bedeutendsten modernen Wissenschaftler, unter ihnen angesehene Physiker, Chemiker, Astronomen, Biologen usw. postulieren ein überzeitliches und übergeordnetes »Reich der Werte«, ein »Weltethos« (*Küng*), von dem her sich die Werthaftigkeit aller menschlichen Möglichkeiten und deren Verwirklichungen ableitet. Dass sich unsere subjektiven Wertvorstellungen bzw. die moralischen Wertauslegungen der Völker im Laufe der Jahrhunderte gewandelt haben, steht dazu in keinem Widerspruch. Haben sich doch auch die subjektiven Vorstellungen von unserer Sonne sehr gewandelt, vom »Sonnengott in der goldenen Kutsche« angefangen, über einen Himmels-»körper«, einen kreisenden Feuerball, bis hin zur atomaren Kernfusion gigantischen Ausmaßes, – und trotzdem ist unsere Sonne objektiv ein- und dieselbe, die sie vor Jahrhunderten war und in Jahrhunderten sein wird.

Erst in der Tatsache, dass die Verwirklichungswürdigkeit einer Wahlmöglichkeit nicht der menschlichen Willkür unterliegt (wenngleich sie nur im beschränkten Rahmen subjektiven Wertverständnisses erfasst werden kann), sondern objektiv vorgegeben ist, gründet das *Verdienst* eines Menschen, wenn er Verwirklichungswürdiges verwirklicht (= tut, was er soll), und die *Schuld* eines Menschen, wenn er Nicht-Verwirklichungswürdiges verwirklicht oder Verwirklichungswürdiges nicht verwirklicht (= nicht tut, was er soll). Sonst wäre es im Letzten gleichgültig, was ein Mensch jeweils entscheidet; jede Variante ließe sich von ihm rechtfertigen.

Im Übrigen unterliegt nicht nur die Verwirklichungswürdigkeit einer Wahlmöglichkeit, sondern auch die Wahlmöglichkeit selber keiner menschlichen Willkür. Nicht nur das »Reich der Werte«, sondern auch das »Reich des Möglichen« ist ein objektiv vorfindliches und lediglich subjektiv entdeckbares. Denn auch die Möglichkeiten, der »Stoff, aus dem die Wirklichkeit gemacht wird«, sind längst vorhanden, bevor sie von einem Menschen erkannt und aufgegriffen werden. Wären sie nicht vorhanden, wären sie von ihm auch nicht aufgreifbar.

Ein Psychologe fragte mich einst: »Kann der Mensch nicht etwas Sinnlosem Sinn geben, z. B. indem er einen sinnlosen Felsblock mit Hammer und Meißel bearbeitet, bis eine kunstvolle Figur daraus entsteht?« »Sicher«, antwortete ich ihm, »der Mensch kann dies tun. Aber nur, weil schon bevor er dem Felsblock überhaupt begegnet ist, geschweige denn, ihn angerührt hat, die sinnvolle Möglichkeit, zu einer kunstvollen Figur behauen zu werden, im Felsblock geschlummert hat. Wäre die Möglichkeit, zur Figur geformt zu werden, nicht urtümlich in dem scheinbar sinnlosen Stein ›existent‹, wäre kein Künstler fähig, zu ihrer Verwirklichung zu schreiten.« Meine Antwort stimmte den Psychologen nachdenklich und bewog ihn, vom Gedanken einer menschlichen Sinngebung Abstand zu nehmen. Wir aber können, an das vorhin

Gesagte anknüpfend, hinzufügen: Und wäre die Möglichkeit der Erzeugung einer Figur nicht *wert* – im ästhetischen Sinne wert –, verwirklicht zu werden, wäre kein verantwortungsbewusster Künstler *willig*, zu ihrer Verwirklichung zu schreiten.

Nebenbei bemerkt, war unendliche lange Zeit, bevor es menschliche Künstler gab, bereits die Natur künstlerisch tätig, indem sie mit Hilfe von Mutationen und Selektionen eine unglaubliche Fülle an Lebewesen evolutionär hervorgebracht hat. Was aber sind Mutationen anderes als Konkretionen »neuer Möglichkeiten«, die zur Verwirklichung bereit gestellt werden? Und was sind Selektionen anderes als »Bewertungen« solcher neuen Möglichkeiten nach ihrer Überlebenswürdigkeit? Sein und Werden hat sich von jeher zwischen Wirklichem, Möglichem und Werthaftigkeiten abgespielt, unendlich lange, bevor sich Menschen darüber den Kopf zerbrochen haben ...

Nach so viel Theorie ist es geboten, ihren therapeutischen Nutzen unter die Lupe zu nehmen. Wir sind kurzlebige Wesen. Die Zeit verfliegt uns wie im Nu. Mit fortschreitendem Alter bemerken wir dies immer stärker. Bevor wir richtig zum Nachdenken kommen, ist eine Woche vorbei, ein Monat vorbei, ein Jahr dahin. Wieder ist Silvesternacht. Wir feiern, scherzen und trinken Sekt, damit wir nicht allzu deutlich registrieren, dass sich ein Lebensjahr endgültig von uns verabschiedet; eines von abgezählt vielen, die wir noch hatten. Morgen werden wir um eines weniger haben. Wir feiern – na ja, Lachen und Weinen sind stets nahe beisammen ...

Die fliehende Zeit bringt es mit sich, dass irgendwann die Frage in uns pocht, ob das »alles« ist: lernen, arbeiten, sich mühen, jubeln, Enttäuschungen wegstecken, sich weiter plagen und schließlich – sterben? Mit *Frankl* dürfen wir antworten: Nein, das ist nicht »alles«. Wir Grenzgänger marschieren kontinuierlich auf dem Laufband »Gegenwart« vom

»Reich des Möglichen« in das »Reich des Wirklichen«. In unserem Gepäck nehmen wir Bewirktes und Erfahrenes mit: Gelerntes, Erarbeitetes, Bejubeltes, Enttäuschendes, und so fort. Aber wir tragen es an einen sicheren Ort, wo es vor dem Tod geschützt ist, wenn das Laufband »Gegenwart« einmal zum Stillstand gelangt und das »Reich des Möglichen« von uns abgeerntet ist. Wir tragen unser gelebtes Leben in das »Reich des Wirklichen« hinüber, zu welchem Gevatter Tod keinen Zugang hat. Er kann die kleine Sophia aus der zitierten Anzeige, die ein paar Stunden alt geworden ist, nicht aus der Wirklichkeit holen. Sie ist wirklich wahr geworden! Er kann den Kuss, den die Eltern ihrem Baby auf die Stirn gedrückt haben mögen, nicht von dessen Stirn wischen. Der Kuss hat wirklich stattgefunden! Und war dieser elterliche Liebesgruß aus dem »Reich der Werte« gesegnet (was anzunehmen ist), dann kann ihm der Tod den Segen nicht absprechen. Nie mehr! Was kann der Tod überhaupt?

Er kann das »Reich des Möglichen« (des gegenwärtig und künftig Möglichen) für uns leerfegen. Unsere Geschichte hingegen ist für ihn tabu. In unserer Lebensgeschichte kann er keine einzige Sekunde anders füllen als mit dem, womit sie gefüllt ist.

Alles läuft darauf hinaus, *womit* sie gefüllt ist. Ob sie mit Gutem, Schönem und Liebevollem gefüllt ist. Ob wir objektiv Wertvolles (so, wie wir es eben subjektiv verstanden haben) in unsere Lebensvergangenheit hineingefüllt haben. Dann nämlich können wir beruhigt dem Fliehen der Zeit zugucken und dem Rauschen des Zeitflusses zuhören. Was macht es dann aus, wenn allmählich die letzte Silvesternacht naht und das Neujahr einer vollendeten Wirklichkeit heraufdämmert? Die von uns in die Wirklichkeit der Welt hinein-transportierten, hinein-gelittenen und hinein-erstrittenen Werte werden uns im Buch des Seins mit Leuchtstift verewigen. Oder, um mit *Rabindranath Tagore* zu sprechen: »Der Tod löscht nicht das Licht aus, sondern die Lampe, weil der Tagesanbruch naht.«

Steine in einer Schale

Ich möchte von Personen erzählen, die sich der dargelegten Sichtweise bewusst sind und waren. Sie verzetteln ihr Leben nicht, sondern verdichten es zur höchsten Intensität.

Von Herrn Kaplan *Hermann Kügler* SJ ist ein Gebet überliefert[32], das im Kleide des Humors das Anliegen eines alternden Menschen formuliert, der noch Wertvolles verwirklichen will und dabei nicht von charakterlichen Altersschwächen gehindert werden möchte:

Herr, du weißt besser als ich, dass ich von Tag zu Tag älter werde und eines Tages alt sein werde. Bewahre mich vor der Leidenschaft, die Angelegenheiten anderer ordnen zu wollen. Bei meiner ungeheuren Ansammlung von Weisheit tut es mir Leid, sie nicht weiterzugeben, aber du verstehst, Herr, dass ich mir ein paar Freunde erhalten möchte!

Lehre mich zu schweigen über meine Beschwerden. Sie nehmen zu, und die Lust, sie zu beschreiben, wächst. Ich wage nicht, die Gabe zu erflehen, mir die Krankengeschichten anderer mit Freuden anzuhören, aber lehre mich, sie geduldig zu ertragen.

Erhalte mich so liebenswert wie möglich. Ich weiß, dass ich nicht unbedingt ein Heiliger bin, aber ein alter Griesgram ist ein Krönungswerk des Teufels.

Lehre mich, an anderen unerwartete Talente zu entdecken, und verleihe mir, Herr, die schöne Gabe, sie auch zu erwähnen.

Im Gebet werden verschiedene Kommunikationsalternativen sondiert. Sich belehrend einzumischen oder nicht, zu jammern oder nicht, geduldig zuzuhören oder nicht, und dergleichen mehr. Der alternde Kaplan tastet sich durch das »Reich des Möglichen«. Aber nicht nur. Die Vertikale wird angezapft. Die Abgleichung mit dem »Reich der Werte« erfolgt sofort. Welche der Möglichkeiten ist jeweils verwirklichungswürdig? Welche ist »des Herrn«, welche »des Teufels«? Klar, Zurückhaltung ist meist besser als Lehrmeisterei, Lob besser als Ignoranz, und dergleichen mehr. Die Signale aus dem »Reich der Werte« werden empfangen. Jetzt gilt es, die Auswahl der wertvollen Möglichkeiten über die Grenzschwelle der Gegenwart in das »Reich des Wirklichen« hinein zu transportieren, kurz, sie zu verwirklichen. Das ist nicht leicht. Gewisse »Leidenschaften« ziehen in die Gegenrichtung, gewisse »Lust« wächst, und man ist auch kein »Heiliger«. Wie löst der Kaplan das Problem? Mit Humor umschifft er die Perfektionismusfalle. Mit einem ehrlichen inneren Vorhaben bringt er sich auf Kurs. In Demut bittet er um den Beistand von oben. Keine schlechten Tipps!

Martina Tripp, eine meiner (noch gar nicht alten) Schülerinnen, hat sich mit einem hübschen Gedicht auf einen ganz ähnlichen Kurs eingeschwungen:

Mit Würde will ich
meinen Weg beschreiten,
voll Liebe soll
mein Handeln sein,
das Leid der anderen
will ich teilen,
geschwisterlich
in Höherem vereint.

Dem Hass wird
meine Güte trotzen,
kein Angriff schlägt
die Mitte mir entzwei.
Ich fürchte weder
Leid noch Häme,
mein Mut kann
eine Tröstung sein.

Sie will keinesfalls »alle ihre Möglichkeiten verwirklichen«, wie es in einem Imperativ der Humanistischen Psychologie irreführenderweise heißt. Sie will besondere und wertvolle Möglichkeiten, die sie hat, auswählen und verwirklichen.

Freilich werden weder Kaplan *Hermann Kügler* noch *Martina Tripp* ihre Vorhaben glatt über die Grenzschwelle der Gegenwart in die Vergangenheit hinein schaffen können. Manches wird sich dabei verhaken, manch glorreiches Vorhaben auf der Strecke bleiben (= unverwirklicht im Nichts der Zukunft verkümmern). Wir kennen das von uns selbst: Der Kopf ist willig und das Fleisch ist schwach. Trotzdem ist es wichtig, beharrlich unsere besten Möglichkeiten im Auge zu behalten. Denn nur dann sind wir sozusagen spontan fit für den Sinn, der uns immerwährend ruft, das Unsrige zum Gelingen der Welt beizusteuern.

Drei Beispiele aus dem Leben sollen zur Nachahmung stimulieren.

Beispiel 1:

Eine Lehrerin wird aus Krankheitsgründen vom Schuldienst suspendiert. Sie leidet doppelt: an ihrer Krankheit und an ihrer scheinbaren Überflüssigkeit ohne den geliebten Beruf. Doch sie will ihre Tage nicht mit Arztbesuchen, Sich-selbst-Beobachten und primitiven Ablenkungen verplempern. In ihrer Not kundschaftet sie ihre restlichen Möglichkeiten aus und gleicht sie mit dem »Reich der Werte« ab. Bald zeichnet sich eine herrliche Möglichkeit ab, wert und würdig, ergriffen und verwirklicht zu werden.

Die Lehrerin beginnt, alten und pflegebedürftigen Personen in stationären Einrichtungen Märchen vorzulesen. Sorgfältig sucht sie geeignete Texte nach Kriterien wie »Verständlichkeit«, »Denkanregung«, »Optimismus« u. ä. aus. Teilweise stöbert sie sogar in Buchantiquariaten nach individuell passenden Fabeln, Legenden oder Artikeln für Patienten, von deren Lebens- und Passionsgeschichten sie etwas ahnt. Dabei entwickelt sie ein erstaunliches Maß an pädagogischer Fantasie, um ihre »Pfleglinge« wacher und sensibler zu machen bzw. aus dem tagträumerischen Vor-sich-hin-Dösen ihrer verkalkten Gehirne herauszulocken. Zum Beispiel bringt sie kleine Gegenstände wie Blumensträußchen, Spielwürfel, bemalte Dosen, Tücher oder Postkarten zu den Lesungen mit und erlaubt den alten Leuten, diese anzuschauen und anzufassen, um eine Brücke zwischen Gegenstand und Symbol zu bauen. (Beispiel: Vergissmeinnichtblüten zu einem Text, in dem es um das Erinnern einer Weissagung geht.) Viele ihrer »Pfleglinge« blühen auf, darunter Patienten, die seit Jahren an der Alzheimerschen Krankheit leiden. Die Erfolge der ehemaligen Lehrerin kommen Universitätsprofessoren zu Ohren. Einer von ihnen bittet sie, ihre Bemühungen auf Koma-Patienten aller Altersstufen zu erweitern.

Inzwischen ist sie selbst genesen und zu einer Spezialistin für »unansprechbare« Personen geworden, denen sie mit Hilfe der heilsamen Botschaften aus dem Märchenschatz der Welt winzige Bruchstücke an Vitalität abringt, sei es ein zustimmendes Blinzeln mit den Lidern bei einem verunfallten Koma-Patienten, sei es ein aufblitzendes Lächeln auf den verknitterten Wangen einer debilen Urgroßmutter. Über die Grenzschwelle ihrer Gegenwart schafft sie permanent Gutes und Fruchtbares in die Wirklichkeit und in ihre Vergangenheit hinein, und dort wird es der Tod nicht anrühren; der Tod ihrer Pfleglinge nicht, und ihr eigener nicht. Ein sinnvolles Werk bleibt sinnvoll – über alle Zeiten hinaus.

Beispiel 2:

Eine junge Sängerin aus England entstammt einer Familie indischer Herkunft. Ihre Eltern haben einen Weg immenser Opfer zurückgelegt, um ihren fünf Töchtern höhere Schulausbildungen in London zu finanzieren. Danach haben alle Schwestern interessante Aufgaben in der Gesellschaft übernommen.

Die junge Frau ist eine begabte Musikerin und hat es sich zur Aufgabe gesetzt, einem großen Männergefängnis in London regelmäßig Besuche abzustatten. Dorthin lädt sie ihre Musiker-Kollegen ein und probt und inszeniert mit ihnen *und* den Gefangenen gemeinsam Opern, die sie (in Kooperation mit der Gefängnisleitung) zur Aufführung bringt. Zu den unter strengen Sicherheitsvorkehrungen stattfindenden Konzerten ist die Öffentlichkeit eingeladen.

Für viele der Gefangenen wird ihre musikalische Beteiligung an diesen Aufführungen zum Schlüsselerlebnis schlechthin. Zum ersten Mal in ihrem Leben erleben sie, dass *ihnen* applaudiert wird, dass *ihre* Leistungen anerkannt werden. Sie erleben, dass sie Personen aus dem »Reich der Werte« sind, die auch Taten aus dem »Reich der Werte« vollbringen können. Anstrengung verbindet sich mit (Klang-)Harmonie, Übung mit Selbstachtung, Ausdauer mit Freude. Eine neue Identität dämmert wie die Morgenröte am Horizont empor.

Die junge Sängerin nimmt in Kauf, dass ihr Engagement im Männergefängnis rein zeitlich ihre persönliche Karriere verlangsamt. Sie weiß, dass es dafür die Resozialisierung der Gefängnisinsassen beschleunigt, und das ist es ihr wert. Die Uhren des Zeitflusses ticken eben anders als die Uhren der Ewigkeit ...

Beispiel 3:

Bei einer Mutter, die mit ihrem vierten Kind hochschwanger ist, wird eine Krebsgeschwulst diagnostiziert. Sie muss unmittelbar nach der Geburt ihres Kindes operiert werden. Ihr Mann ist Alleinverdiener in der Familie und beruflich sehr eingespannt. Er ist finanziell nicht in der Lage, unbezahlten Urlaub zu beantragen.

Die Arbeitskollegen des Mannes erfahren von seinen häuslichen Sorgen und beschließen, ihm zu helfen. Sie sammeln heimlich »Zeitgeschenke« für den Familienvater, indem jeder von ihnen einige der eigenen Urlaubstage spendet.

Das Kind wird geboren, die Mutter wird operiert. Die Arbeitskollegen überreichen dem Mann eine Gutschrift der Firmenleitung für einen bezahlten »Freimonat«. Er kann vier Wochen lang das Neugeborene und seine drei anderen Kinder betreuen und seine Frau durch die schwere Zeit hindurchbegleiten.

Auch das gibt es in unserer Ära des Mobbings und einer bröckelnden Konjunktur, die zu harten Machtkämpfen verleitet. Mobbing und Machtkämpfe sitzen zwar im »Reich des Möglichen« eines jeden Berufstätigen, aber sie müssen nicht ins »Reich des Wirklichen« hinübertransportiert werden. Sie haben nicht den Segen aus dem »Reich der Werte«. Dafür sind, wie das Beispiel zeigt, andere und glänzendere Möglichkeiten vorhanden. Das Kollegenteam des Familienvaters hat sie entdeckt und realisiert – ein für alle Mal.

Es wird ein ferner Tag kommen, an dem keine der Personen aus diesem Beispiel mehr auf Erden weilt, nicht einmal das gerade Neugeborene. An jenem fernen Tage wird niemand mehr wissen, welcher »Liebesakt« in dieser Firma stattgefunden hat, falls es die Firma noch gibt. Doch was besagt das schon? Das vom Kollegenteam Getane fällt aus der historischen Wahrheit nicht heraus. Es ist im Sein geborgen. Es hat das Sein verändert, und zwar im Guten. Es ist »von oben« gesegnet. Was braucht es noch?

Nicht selten sind Ratsuchende bei mir, die sich ohnmächtig und ausgeliefert fühlen angesichts der Tatsache, dass nichts Vergangenes korrigierbar und nichts Künftiges fixierbar ist. Nur der vorüberhuschende gegenwärtige Moment liegt in ihrer (und meiner) Verfügungsgewalt. Sie haben Recht. Dennoch darf ich sie aufklären. Dieser gegenwärtige Moment kann alles wandeln. Er kann definitiv abheilen lassen, womit sie sich *jetzt* versöhnen. Er kann imaginativ entstehen lassen, woran sie *jetzt* glauben. Er kann vom verlierbaren Haben zum ewigen Sein befreien.

Ich gebe ihnen ein Gleichnis mit nach Hause. Angenommen, jemand habe eine Schale mit 7 schwarzen und 4 weißen Steinen. Die Schale sei seine Lebensvergangenheit. Die Steine seien unveränderliche Geschehnisse darin: die schwarzen Steine negative, die weißen Steine positive. Die Wahrheit kann nicht revidiert werden. Was schwarz war, war schwarz, und was weiß war, war weiß. *Aber das Verhältnis von schwarz zu weiß kann immer noch revidiert werden!* Wie? Nun, es steht 7:4. Fügt der Betreffende in seinem gegenwärtigen Moment einen weißen Stein hinzu, wandelt sich das Verhältnis von schwarz zu weiß auf 7:5. Fügt der Betreffende im nächsten gegenwärtigen Moment wieder einen weißen Stein hinzu, wandelt sich das Verhältnis von schwarz zu weiß auf 7:6, und so fort. Es kann auf 7:100, ja, auf 7:1000 hochge-»weißelt« werden! Und mit einer Vergangenheit, die 7 negative Geschehnisse und 1000 positive enthält, lässt sich leben!

Das ist das Wunder des gegenwärtigen Moments. Soll es vergeudet werden für Klagen über Gewesenes? (Noch ein schwarzer Stein dazu?) Für Zittern vor Werdendem? (Noch ein schwarzer Stein dazu?) Es wäre unendlich schade. Wohlan, holen wir einen weißen Stein aus dem Sortiment unserer Möglichkeiten und rollen wir ihn in die Wirklichkeit hinein! Die Kindheit war schlecht? Rollen wir die mutige Selbsterziehung dazu. Der Freund hat uns betrogen? Rollen wir die barmherzige Verzeihung dazu. Die Krankheit verkürzt unsere Lebenserwartung? Rollen wir ein sorgfältiges und kreatives Gestalten unserer Spielräume dazu. Die Schale füllt sich ... womit, ist ein einziges Mal unser: *jetzt*! Und bedenken wir: sie wird mitsamt ihrem Inhalt für alle Zeiten *unsere* Schale bleiben. Eine zweite, leere, bekommen wir nicht mehr zum Füllen.

In der Frauenkirche von München kann man heute noch die Grabinschrift ihres Erbauers lesen. Sie lautet: »Hier ruht Meister *Jörg von Halspach*, der mit Gottes Hilfe und seiner Hand den ersten, mittleren und letzten Stein gesetzt hat.«

Die drei Steine symbolisieren die Arbeit des Meisters. Sie stehen für die unzählig vielen gegenwärtigen Momente, in deren Summe er den Dom verwirklicht hat. Der letzte Stein im Gewölbe hält alles zusammen.

Genauso hält auch der letzte Stein im Gewölbe unseres Lebenswerkes dieses zusammen. Beten wir, dass es ein weißer sein wird.

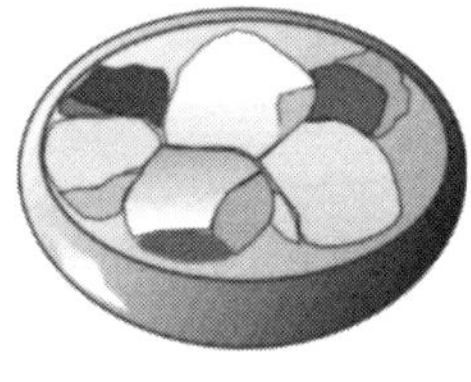

Zusammenfassung

1. Chronisch und unheilbar Kranke haben einen besonderen »Auftrag«, den Gesunde nicht erfüllen können. Ihr »trotzdem Ja zum Leben« zählt zu den bedeutendsten Zeugnissen und Vorbildern der menschlichen Kultur.
2. Der Mensch ist ein Grenzgänger zwischen dem »Reich des Möglichen«, der Zukunft, und dem »Reich des Wirklichen«, der Vergangenheit.

3. Nichts, was in das »Reich des Wirklichen« eingeht (oder vom Menschen eingelassen wird), kann mehr verloren gehen. Es ist in der ewigen Wahrheit geborgen, aus der es keine Macht der Welt herausreißen kann.
4. Deshalb kommt im Leben alles darauf an, Wertvolles und Wunderbares in die ewige Wahrheit über uns selbst hineinzutransportieren.

Die Autorin

Dr. phil. habil. Elisabeth Lukas wurde 1942 in Wien geboren. Bereits während ihres Psychologiestudiums begegnete sie Viktor E. Frankl und spezialisierte sich bald darauf auf die klinische Anwendung seiner Lehre. Von 1972 bis 2002 lebte und wirkte sie in Deutschland, wo sie gemeinsam mit ihrem Mann das »Süddeutsche Institut für Logotherapie GmbH« gründete und leitete. In dieser Zeit entstanden neben ihrer praktischen Tätigkeit als approbierte Psychotherapeutin mehr als 30 Fachbücher, die in 13 Sprachen übersetzt worden sind. 50 Universitäten im In- und Ausland luden sie zu Vorlesungen ein. 2002 wurde sie mit dem »Großen Preis des Viktor Frankl-Fonds der Stadt Wien zur Förderung einer sinnorientierten humanistischen Psychotherapie« geehrt. 2003 sind sie und ihr Mann in ihre Heimat zurückgekehrt.

Adresse der Autorin:

Iglseegasse 13
A-2380 Perchtoldsdorf bei Wien.

Auswahl aus dem Schrifttum der Autorin:

Alles fügt sich und erfüllt sich. Die Sinnfrage im Alter (Quell, Gütersloh, 5. Aufl. 2001)

Auf den Stufen des Lebens. Meine bewegendsten Fallbeispiele aus der Seelenheilkunde nach Viktor E. Frankl (Quell, Gütersloh, 2001)

Familienglück. Verstehen, annehmen, lieben (Kösel, München, 2001)

Heilungsgeschichten. Wie Logotherapie Menschen hilft (Herder, Freibug, Neuausgabe 2002)

Konzentration und Stille. Logotherapie bei Tinnitus und chronischen Krankheiten (Profil, München, 2. Aufl. 2001)

Ermutigungen für die Zukunft. CD mit Texten von Elisabeth Lukas und Gitarrenmusik von Michael Habecker (Kösel, München, 2001)

Freiheit und Identität. Logotherapie bei Suchtproblemen (Profil, München, 2002)

In der Trauer lebt die Liebe weiter (Kösel, München, 2. Aufl. 2000)

Lebensstil und Wohlbefinden. Logotherapie bei psychosomatischen Störungen (Profil, München, 2. Aufl. 2002)

Lehrbuch der Logotherapie. Menschenbild und Methoden (Profil, München, 2. Aufl. 2002)

Psychotherapie in Würde. Sinnorientierte Lebenshilfe nach Viktor E. Frankl (PVU, Weinheim, 1994)

Sehnsucht nach Sinn. Logotherapeutische Antworten auf existenzielle Fragen (Profil, München, 2. Aufl. 1999)

Verlust und Gewinn. Logotherapie bei Beziehungskrisen und Abschiedsschmerz (Profil, München, 2001)

Weisheit als Medizin. Viktor E. Frankls Beitrag zur Psychotherapie (Quell, Gütersloh, 2. Aufl. 2001)

Rendezvous mit dem Leben. Ermutigungen für die Zukunft (Kösel, München, 2. Aufl. 2001)

Spirituelle Psychologie. Quellen sinnvollen Lebens (Kösel, München, 3. Aufl. 2001)

Vom Sinn des Augenblicks. Facetten erfüllten Lebens (Kösel, München, 2002)

Wertfülle und Lebensfreude. Logotherapie bei Depressionen und Sinnkrisen (Profil, München, 2. Aufl. 2002)

Wie Leben gelingen kann. 30 (31) Geschichten mit logotherapeutischer Heilkraft (Quell, Gütersloh, 4. Aufl. 2000)

Worte können heilen. Meditative Gedanken aus der Logotherapie (Quell, Gütersloh, 1998)

Quellennachweis

1. Viktor E. Frankl: *Der Wille zum Sinn*. Piper, München 1991. S. 73/74
2. Viktor E. Frankl: ... *trotzdem Ja zum Leben sagen*. Dtv, München, 20. Aufl. 2000. S. 148
3. Viktor E. Frankl: *Der leidende Mensch*. Huber, Bern, 2. Aufl. 1996. S. 123
4. Dieter E. Zimmer: *Experimente des Lebens*. Haffmanns Verlag, Zürich 1989. S. 96/97
5. Viktor E. Frankl: *Das Leiden am sinnlosen Leben*. Herder, Freiburg, 12. Aufl. 2001. S. 53
6. Friedrich Glasl: *Selbsthilfe in Konflikten*. Stuttgart, Verlag Freies Geistesleben, 3. Aufl. 2002. (© 1988 Verlag Freies Geistesleben & Urachhaus GmbH)
7. In: *Thüringer Anzeiger*. Nr. 64 vom 17.03.2002
8. Ethik II. Prop. 43 Scholion, zitiert nach Weissmahr, 1985. S. 44/45
9. Viktor E. Frankl: *Der leidende Mensch*. Piper, München, 2. Aufl. 1996. S. 227
10. Viktor E. Frankl: *Die Psychotherapie in der Praxis*. Piper, München, 4. Aufl. 1997. S. 166/167
11. ibidem, S. 175
12. ibidem, S. 168
13. Unveröffentlichter Bericht von Willis Finck, ehem. Schulleiter in Saratoga/Kailfornien, 1989
14. Viktor E. Frankl: *Ärztliche Seelsorge*. Deuticke, Wien, 10. Aufl. 1982. S. 147
15. Viktor E. Frankl: *Ärztliche Seelsorge*. Deuticke, Wien, 10. Aufl. 1982. S. 140/141
16. Elisabeth Lukas: *Psychologische Vorsorge*. Herder, Freiburg, 1989. S. 142
17. Viktor E. Frankl: *Die Psychotherapie in der Praxis*. Piper, München, 4. Aufl. 1997. S. 137
18. Viktor E. Frankl: *Der leidende Mensch*. Huber, Bern, 2. Aufl. 1996. S. 142/143
19. Viktor E. Frankl: *Ärztliche Seelsorge*. Deuticke, Wien, 10. Aufl. 1982. S. 88
20. Friedrich Glasl: *Selbsthilfe in Konflikten*. Stuttgart, Verlag Freies Geistesleben, 3. Aufl. 2002. (© 1988 Verlag Freies Geistesleben & Urachhaus GmbH)
21. ibidem, S. 112

22. Jilek W. G. und Jilek-Aall L.: *Initiation und Sinnfindung. Beobachtung in Papua-Neuguinea.* In: *Logotherapie*. Zeitschrift der Deutschen Gesellschaft für Logotherapie, Jg. 1, Heft 2, 1986. S. 184
23. Viktor E. Frankl: *Die Psychotherapie in der Praxis.* Piper, München, 4. Aufl. 1997. S. 71
24. Wolfgang Brezinka: *Nietzsches Lehre von der notwendigen Illusion.* In: Magazin MUT, Nr. 294/1992, MUT-Verlag Asendorf
25. Viktor E. Frankl: *Der leidende Mensch.* Huber, Bern, 2. Aufl. 1996. S. 224
26. Unveröffentlichtes Manuskript
27. Viktor E. Frankl: *Die Sinnfrage in der Psychotherapie.* Piper, München, 7. Aufl. 1997. S. 93
28. Viktor E. Frankl: *Logotherapie und Existenzanalyse.* Piper, München, 1987. S. 141
29. Viktor E. Frankl: *Der Wille zum Sinn.* Piper, München 1991. S. 54
30. Viktor E. Frankl: *Der Mensch vor der Frage nach dem Sinn.* Piper, München, 14. Aufl. 2002. S. 249
31. Viktor E. Frankl: *Der Wille zum Sinn.* Huber, Bern, 3. Aufl. 1982. Kapitel: *Zeit und Verantwortung*
32. Aus einem Wandkalender des Jahres 1997